삼국지, 문화기행

남덕현 지음

신아사

머리말

우리나라에는 오랜 시간에 걸쳐 많은 외국 문학 작품들이 끊임없이 전래되어 왔다. 그 중에서도 중국의 소설 삼국지만큼 우리 생활 속에서 친숙하게 느끼며 더불어 살아가는 작품은 없는 듯하다.

흔히들 어느 사람의 성격을 삼국지 어느 인물에 빗대기도 하고, 삼국지 속의 고사성어를 말하며 교훈을 얘기하기도 한다. 뿐만 아니라 삼국지 전체 이야기를 들어 세상의 이치나 세상 살아가는 방법까지 운운하기도 한다. 이처럼 언제부터인가 우리는 삼국지와 함께 살아가고 있는 것이다.

그럼 삼국지는 어떻게 생겨난 것일까? 언제 누가 만든 것일까? 하는 궁금증을 누구나 가지게 된다. 결론적으로 삼국지는 어느 시대 어느 특정 작가에 의해 창작되어진 소설이라고 할 수는 없다.

소설 삼국지는 위(魏)·촉(蜀)·오(吳) 삼국시대 역사를 배경으로 지어진 역사소설이다. 그 시대 실존했던 인물과 실제했던 사건을 중심으로 이야기가 꾸며져 있다. 이 이야기들은 오랜 시간동안 여러 단계를 거치며 다양한 형태로 변화되어지다 어느 순간 자연스레 문학작품으로 정리되어져 독자들의 눈앞에 나타나게 된 것이다.

이 과정을 거쳐 오늘날 우리가 읽고 있는 소설 삼국지가 완성되어졌다. 우리가 말하는 소설 삼국지를 중국에서는 《삼국연의(三國演義)》

라고 한다. 중국에는 삼국지와 관련된 삼국지문화가 형성되어 중국인들의 생활 속에 함께 존재하고 있다. 삼국지문화는 역사적 실제 사실과 소설의 내용, 민간전설 등이 어우러져 형성되어 있다. 이 삼국지문화의 주요한 한 부분이 관우(關羽)문화인데, 우리에겐 훌륭한 장수이기만 한 관우가 신으로 추앙받는 모습이 이채롭기만 하다.

최근에는 삼국지 관련 문화를 소설 삼국지 문학작품만을 통해서 접하는 것이 아니라 영화나 드라마 또는 게임 등의 다양한 경로를 통해 삼국지를 만나며 이해하고 있다.

삼국지문화의 본질을 이해하기 위해서는 당연히 문학작품인 소설 삼국지에 대한 기본적 이해가 있어야 한다. 나아가 소설 삼국지에서 비롯되어진 다양한 문화현상까지를 제대로 알고자 한다면 또 다른 부분들을 이해해야 한다. 삼국지의 토대가 된 역사적 배경, 삼국지문화가 무엇인지? 또한 역사서 《삼국지(三國志)》는 어떤 책인지? 삼국 이야기가 어떻게 소설 작품화 되었는지? 등이다. 그리고 중국에서의 삼국지와 관계된 민간전설과, 그 속의 주요 인물과 시가, 고사성어, 관우문화 등등에 대한 이해 역시 필요한 부분이라 하겠다. 나아가 중국의 소설 삼국지가 우리나라에 어떻게 수용되어지고 활용되어지고 있는 지에 대한 부분도 이해해야만 할 것이다.

이 책에서 이러한 부분들을 개략적으로 적어보았다. 삼국지와 삼국지 관련 문화를 좋아하는 모든 이들의 삼국지문화 이해에 도움이 되었으면 한다. 끝으로 함께 강의하면서 이 책의 집필에 도움을 준 이민경 선생과 마무리에 조언을 해 준 임춘영 선생께 감사의 말씀을 전하고 싶다.

2018년 봄을 맞으며

남덕현

목차

삼국지,

문화기행

제1장
소설 삼국지 역사배경[1]

1. 역사배경

1) 환관 · 외척의 대립과 황건(黃巾) 봉기

후한 말에 이르자 외척과 환관의 횡포는 나날이 심해졌고 이로 인해 황제의 통치권은 더욱 약해져만 갔다. 외척과 환관의 대립은 심화되었고 사대부 지식인과 환관의 갈등은 격화되었으며 사회적 혼란은 계속되었다. 부패한 관료들의 토지겸병에 자연재해까지 겹치자 일반 민중들의 삶은 더욱 깊은 어려움에 빠진다. 좌절과 실의에 빠져 희망을 잃어버린 농민들 사이에서 태평도(太平道), 오두미도(五斗米道) 등의 신흥종교가 유행처럼 번져가게 되었다.

'황건봉기'는 전국에 퍼져있던 태평도의 지부가 군사조직으로 전환되어 일어난 농민혁명이다. 태평도는 원래 장각(張角)이 황로사상과

---

1) 이 책을 집필하면서 1장은 저서 《삼국지, 역사를 가다》(현자의 마을, 2014, 20-44쪽), 2장은 논문 〈중국 삼국지 문화의 성격 고찰〉(《中國學硏究》 30, 중국학연구회, 2004), 5장은 〈三國演義의 구성과 민간전설〉(《中國硏究》 34, 한국외국어대학교 외국학종합연구센터 중국연구소, 2004)을 바탕으로 다시 정리하였다.

민간신앙에 바탕 하여 창시한 종교로, 질병을 고쳐주어서 교단을 선전 확장하였다. 사회 정치적 혼란으로 생존권을 위협받고 있던 백성들에게 태평도의 교리는 점차 인기를 얻었고 전국적인 조직으로 성장하게 된다. 장각은 번창한 교세에 힘입어 "푸른 하늘(蒼天)은 이미 병들어 죽어가니 누런 하늘(黃天)이 이를 대신할 것이다. 갑자년(184년) 3월 초닷새에 누런 수건(黃巾)을 두른다면, 하늘이 무너지고 땅이 꺼지며 새로운 천하가 탄생할 때 구원을 얻으리라"라는 구호를 외치며 반란을 일으킨다. 184년 3월 5일에 전국적으로 거사를 일으키려던 이 계획은 내부 밀고자가 발생하여 2월에 앞당겨 일어나게 된다.

황건군은 전국의 시골마을과 도시를 파죽지세로 공격해 나갔다. 이에 놀란 한나라 왕실은 황건군 토벌 계획을 세우고 군대를 파견하게 된다. 장각의 고향인 기주(冀州)[2]에는 노식(盧植)[3]을 파견하고, 예주(豫州)에는 황보숭(皇甫嵩)[4]과 주준(朱儁)을 파견하였다. 노식은 극히 적은 병력이었지만 장각을 광종현(廣宗縣)에서 포위하게 된다. 이 때, 영제(靈帝)는 환관 좌풍(左豊)을 보내어 전투 상황을 시찰하게 하였다. 좌풍은 노식이 뇌물을 보내지 않자 보복차원에서 노식이 고의로 장각

2) 기주 거록군(巨鹿郡)은 장각의 고향이며, 거사 당일 장각은 이곳에서 스스로 천공(天公)장군이라 하고, 동생 장보(張寶)를 지공(地公)장군, 장량(張梁)을 인공(人公)장군에 임명하였다.

3) 노식은 유비의 스승이자 같은 고향 사람으로 기주 탁군(涿郡)에서 성장하였다.

4) 황보숭은 양주(涼州) 안정군(安定郡) 조나현(朝那顯)(오늘날 甘肅 平涼縣의 서북쪽)의 군인집안에서 출생하였다. 효렴에 천거되어 중앙정부 낭중을 지냈고 패릉(霸陵)과 임분(臨汾)의 현령을 지내다 다시 중앙으로 귀환되어 의랑을 지내다가 북지군(北地郡)태수로 승진하였다.

제거에 전력하지 않는다고 보고를 올렸다. 영제는 곧바로 노식을 낙양으로 압송하고 동탁(董卓)을 파견하여 노식을 대신하였다. 한편, 예주에 파견된 황보숭은 주준과 함께 야습과 화공을 이용하여 예주 영천군(穎川郡)의 황건군을 물리친 후, 하남 우현(禹縣) 부근의 장사(長社) 전투에서 승리하고, 여남군(汝南郡)과 진국(陳國) 및 동욱(東郁)에서도 잇따라 승전보를 남겼다.

노식이 낙양으로 소환된 이후, 장각의 군대는 후임자 동탁을 물리쳐 버린다. 이리되자 조정은 승승장구하던 황보숭을 기주로 파견하게 된다. 황보숭은 북상하여 광종현에서 장량의 군대와 싸워 큰 승리를 거두게 된다. 이때 장각은 이미 병으로 죽은 상태였기에 황보숭은 그의 관을 열어 시체의 목을 베어 낙양으로 보낸다.

장보는 하곡양(下曲陽)으로 도망갔으나, 황보숭이 곽전(郭典)과 함께 장보를 붙잡아 참수함으로써 황건 봉기는 일단락되었다[5]. 황보숭은 황건군 토벌의 공로로 좌거기(左車騎)장군에 임명되어 기주목이 되었고, 괴리후(槐里侯)에 봉해져 영지 8천호를 하사받게 된다. 하지만 이후에 황보숭은 중상시 장양(張讓)의 뇌물요구를 거절하여 결국 파직되어 영지를 삭감당하고 좌천되어 버렸다.

2) 동탁의 전횡

동탁은 양주(凉州) 임조군(臨洮郡) 사람이다. 예주 영천군에서 출생했

5) 중평(中平) 5년(188)에 황건군이 다시 봉기하였다. 조조는 청주에서 그들을 진압하여 군대에 편입시켰다.

으나, 얼마 후 부친을 따라 양주로 이주하였고 당시 양주를 근거지로 하던 소수민족 강족(羌族)과 함께 생활하였다.

중평 원년, 동탁은 동중랑장으로 임명되어 기주에서 노식의 자리를 대신하였지만, 장각에 패하여 관직을 잃게 된다. 중평 2년에 양주에서 황보숭의 후임이 되어 변장(邊章)과 한수(韓遂)의 반란을 진압하려 했지만 실패한다. 동탁은 전투에서는 패했지만, 특유의 정치력을 발휘하여 오히려 파로(破虜)장군으로 승진하여 장군의 반열에 오르게 된다. 동탁은 다시 금전을 관리하는 직책인 소부(少府)로 승진하였으나, 지위가 높지 않음에 불만을 품고 벼슬을 거절하자 조정은 다시 그를 병주목으로 임명한다. 조정은 그에게 군대를 반납하고 황보숭의 지휘를 받으라고 명했지만 그는 병력을 이끌고 병주로 가서 때를 기다렸다.

당시 조정의 환관들과 대립하고 있던 대장군 하진(何進)이 동탁에게 군대를 이끌고 낙양에 입성해달라고 요청하자 동탁은 3천의 병사를 이끌고 낙양으로 가게 된다. 하지만 그가 도착하기 전 하진은 이미 환관의 손에 죽어버렸다.

하진과 환관들의 갈등이 표면화된 것은 영제의 죽음 이후였다. 영제는 태자를 정하지도 않은 채, 중평 6년 4월 병진일에 세상을 떠났다. 영제에게는 두 아들이 있었는데, 하나는 14세의 왕자 변(辯)으로 황후 하씨의 소생이었다. 또 다른 아들은 9세의 왕자 협(協)으로 왕미인의 소생인데, 생모가 일찍 세상을 떠나 영제의 모친 동태후(董太后)가 키웠다. 영제의 뒤를 이어 소제(少帝)에 오른 이는 바로 변이었다.

소제가 즉위한 후, 하왕후는 황태후의 신분으로 섭정을 하게 된다. 중평 6년 영제의 모친 동태후가 죽자, 하진은 왕자 협을 진류왕(陳留

王)으로 강등시키고 모든 환관들을 파면하자고 건의하였다. 그러나 하태후는 '나는 젊은 과부인데 어찌 관복 입은 젊은 선비를 부리겠는가?'라며 거절하였다.

그 해 8월, 하진은 황제에게 모든 환관을 죽이라고 청원하는데, 이를 논의하던 하진과 하태후의 대화를 엿들은 환관이 중상시 장양에게 보고하였고, 장양과 단규(段珪)는 장락궁에서 나오는 하진을 잡아 죽여 버린다.

하진이 살해당했다는 소식을 듣고, 그의 부하인 군관 오광(吳匡)과 장장(張璋), 호분중랑장 원술(袁術)이 궁으로 쳐들어갔고, 얼마 뒤 원소(袁紹)와 하묘(何苗) 등도 군사를 이끌고 달려왔다. 이리하여 이 날에 십상시 뿐만 아니라 환관 대부분이 죽음을 당하게 된다. 장양과 단규 등은 소제와 진류왕을 데리고 소평진(小平津)으로 도망쳤으나, 추격해 온 노식에게 살해되거나 자살하였다. 소제와 진류왕은 민공(閔貢)의 도움으로 도망가다 백성의 수레를 얻어 타고 천신만고 끝에 북망진(北芒鎭)에 도착하여 민가에 기거하게 된다.

당시 낙양성 서쪽에 주둔하고 있던 동탁은 소제와 진류왕이 북망에 있다는 보고를 듣고 북망으로 달려간다. 소제는 동탁과 그의 군대를 보고 매우 두려워했지만, 나이 어린 진류왕은 오히려 동탁이 묻는 말에 겁 없이 응대를 잘하자 동탁은 진류왕을 마음에 들어하게 된다.

동탁은 환관들이 살해된 지 3일째 되는 날에 소제와 진류왕을 데리고 낙양으로 돌아간다. 동탁은 낙양에 들어와서 먼저 여포(呂布)를 시켜 낙양의 치안을 책임지던 정원(丁原)을 죽여버리고 그의 병사들은 모두 자신의 군대로 편성시켜 버린다. 다음으로 동탁은 사공 유굉(劉

弘)을 파직시키고 자신이 사공의 자리를 차지해 버린다.

동탁은 9월 문무백관이 모인 자리에서 소제를 폐위하고 자신이 좋아하던 진류왕을 황제로 삼자고 제의한다. 그러나 노식이 동탁의 의견에 정면으로 반대한다. 동탁은 격노하여 노식을 죽이려 했지만 채옹(蔡邕)과 팽탁(彭卓)이 만류하여 노식의 관직을 파하는 선에서 마무리를 짓게 된다.

다음 날 회의에서 동탁은 다시 소제를 폐위시키고 진류왕을 옹립하자는 의견을 내놓았다. 동시에 하태후에게 폐위에 관한 조서를 내리도록 압력을 넣었다. 결국 소제는 폐위되고, 헌제(獻帝)가 즉위하며 연호를 초평(初平)으로 바꾸었다. 동탁은 인재들을 대거 기용하기도 하였으나, 명분 없이 폐위를 강행하였고 무고한 하태후와 소제를 죽여 버려 선비들의 비판을 받게 된다.

3) 반(反)동탁 동맹군의 결성

초평 원년(190년) 정월, 원소 등은 동맹군[6]을 결성하여 격문을 천하에 선포하고 동탁을 성토하는 동시에, 병력을 동원하여 낙양으로 진군하였다. 동탁은 전국의 병사들을 모아 동맹군을 토벌하고자 했지만, 상서 정태(鄭泰)의 만류로 무력 토벌을 감행하지는 않았다. 대신에 장안으로 수도를 옮기기로 결정하였다. 낙양을 떠날 때 성내 곳곳에 불

6) 《삼국지 · 위서 · 무제기》에 의하면 후장군 원술, 기주목 한복, 예주자사 공주, 연주자사 유대, 발해군태수 원소, 하내군태수 왕광, 진류군태수 장막, 광릉군태수 장초, 동군태수 교모, 산양군태수 원유, 제북국국상 포신 등이 동맹의 구성원이다.

을 질러 태워버려 더 이상 번화했던 낙양성의 모습은 찾아볼 수가 없게 만들어 버렸다.

이러한 동탁의 장안으로의 수도 이전 결정과 낙양의 방화는 정치적 실책이었다. 적들과 싸우지도 않고 떠났으니 능력도 없고 용기도 없다는 것을 인정하는 것이어서 자신의 권위와 위엄을 손상시키는 상황을 자초하게 된다. 200여 년 동안 중국의 최대도시였던 낙양을 불사른 것은 병법상의 견벽청야(堅壁淸野)[7]를 실행하여 원소의 무리가 물자를 얻지 못하게 하자는 것이었다. 하지만 원소의 군대의 낙양진입이 불투명한 상태에서 굳이 불을 질러 모든 물자를 일부러 없앨 필요는 없었다. 괜한 동탁의 이러한 행동은 민심이 그에게서 완전히 등을 돌려버리게 되는 결과를 낳았던 것이다.

사실 동탁 제거를 기치로 내세운 동맹군의 진짜 목적은 조정의 간섭에서 벗어나 근거지를 할거하는 군벌이 되기 위한 기반을 다지기 위함이었다. 동맹군 가운데 동탁을 공격할 의지와 능력이 있는 사람은 조조와 손견 둘 뿐이었다.

조조는 효렴 출신으로 의랑, 기도위, 교위를 역임하긴 했지만, 큰 벼슬을 한 적이 없었다. 그는 진류(陳留)에서 병사들을 모집하여 반동탁 동맹군에 참가하였다. 조조는 원소 무리가 십 수만의 병사를 보유하고 있음에도 불구하고, 병사들을 모아놓고 매일 주연을 베푸는 등 공격 의지가 없는 것을 보고 실망하였다. 보다 못한 그는 단독으로 자

7) 강한 적군에 대처하는 일종의 전술로 진지를 굳게 지키면서, 주위의 사람이나 물자를 없애버리고, 부근의 건물이나 나무 등을 적군이 이용하지 못하도록 제거해 버리는 것이다.

신의 병사와 장막이 파견한 일부 군대만을 이끌고 형양현(滎陽縣) 변하(汴河)에서 동탁군과 전투를 벌였지만 패배를 하게 된다.

패배 후 조조는 다시 원소 등과 만나 군대를 세 개의 노선으로 나누어 진군하여 장안과 그 좌우 외곽을 협공하자고 건의하였다. 그러나 그들은 조조의 건의를 귀담아 듣지 않고 계속 술판만 벌였다. 동맹군의 식량은 점차 바닥나게 되고 병사도 점점 이탈하였으며 내분이 일어나기도 하였다. 이리 되자 조조는 각 지방 군벌들이 흩어지기 전에 먼저 고향으로 가서 병사 1000여 명을 모집하여 다시 황하 북쪽의 회현(懷縣)으로 간다.

이 때 원소는 동탁이 파견한 다섯 명의 사신 가운데 세 명을 죽여버린다. 이에 화가 난 동탁은 하양에 주둔해 있던 동맹군 왕광을 무참히 쳐부숴버린다. 원소 등은 동탁을 이길 수 없음을 느꼈지만 동탁과 화해할 생각도 없었다. 동맹군은 차라리 다른 황제를 세워 새로운 조정을 구성하고 새 조정의 관료나 장수가 되고 싶어 했다. 유주목(幽州牧) 유우(劉虞)가 새 황제에 적합하다 생각하여, 초평 2년 정월에 대표를 보내어 유우를 만났다. 하지만 뜻밖에도 유우는 옹립제안을 거절해 버린다. 동맹군 측에서 다시 사람을 보냈지만, 그는 '당신들이 다시 나에게 강요한다면 나는 흉노에게 도망 갈 것이오.'라고 하며 완강히 거절하였다.

원소는 다시 원술에게 편지를 써서 의논했다. 원술은 '나는 동탁을 반대하지만 지금의 황제를 반대하지 않는다. 나는 단지 동탁을 토벌하고 싶을 뿐 다른 마음은 없다.' 고 했다. 원소는 두 차례 난관을 겪으며 새 황제를 옹립하려는 생각을 버렸고 자신도 황제가 되려고 하지 않았다. 그러나 원술은 스스로 황제가 되고자 하는 허황된 꿈을 꾸기 시작했다.

동탁도 역시 제위 찬탈의 뜻이 있었다. 그는 재상의 지위를 누렸지만 만족하지 않았고, 헌제를 압박하여 태사(太師)로 임명해줄 것을 요구하며 군벌 보다 큰 권력을 얻으려 했다. 하지만 동탁은 제위를 찬탈하기 전에 손견(孫堅)에게 패하였다.

손견은 젊었을 때, 주준을 따라 남양의 황건군을 공격하여 승리를 거두었으며, 또 장온과 함께 오랑캐를 무찌르며 동탁과 어울린 적이 있었다. 원소가 반동탁 동맹군을 결성했을 때, 손견도 적극 찬성했지만 직접 병사를 이끌고 원소에게 가서 동맹에 참가하지는 않았다. 대신 손견은 남양으로 가서 원술의 병사와 함께 형주와 남양군을 치고, 남양군을 원술에게 주고 자신은 계속 북상하여 낙양으로 진군하였다. 원술은 손견에게 고마움을 느껴 그를 파로장군 겸 예주자사로 추천하는 상소를 올렸다. 손견이 예주자사에 임명되었는지 고증하기는 어렵지만, 손견은 이때부터 파로장군으로 불리었다.

손견은 계속 동탁 토벌에 힘을 쏟았다. 하지만 손견이 동탁의 군대와 몇 차례 전쟁을 하는 동안 원술은 군량 등을 충분히 지원해주지 않았고, 뜻밖에도 주앙(周昻)을 예주자사로 임명했다. 손견은 남양으로 돌아가 군량 건에 대해 원술을 질책하였고, 원술은 사과하며 제대로 군량을 공급하겠다고 약속하였다. 손견은 다시 동탁의 군대를 공격하여 여포와 호진(胡軫)을 크게 물리치고, 단숨에 낙양까지 돌진하였다. 동탁은 장안으로 후퇴하면서 주준에게 낙양을 지키도록 명령하였다. 하지만 동탁이 떠나자 주준은 반동탁 동맹군의 군벌들과 내통해 버린다.

결국 동탁은 초평 3년(192) 4월 여포에게 살해당하게 된다.

4) 동탁의 죽음

왕윤(王允)은 동탁의 심복 여포를 설득하여 동탁을 제거하려 했다. 동탁은 여포를 양자로 삼고 곁에 두고 신뢰하였지만, 또 더러는 함부로 대하기도 하였다. 어느 날 동탁이 사소한 일로 들고 있던 창을 여포에게 던져 여포가 목숨을 잃을 뻔한 위험한 일도 있었다. 《후한서·여포전》에 의하면, 이 일이 일어난 후에도 여포는 동탁의 침실 호위를 맡았지만 몰래 동탁의 시녀와 사통을 하였다.[8]

동탁은 초평 3년 4월, 궁성의 북액문(北掖門)에서 피살당했다. 먼저 여포의 동향 사람 이숙(李肅)이 동탁의 팔을 찔러 동탁이 마차에서 굴러 떨어지자. 동탁은 영문을 모른 채 여전히 호위해 줄 여포를 찾았다. 그러나 오히려 여포는 긴 창을 이용해서 그의 남은 목숨을 끊어버렸다.

동탁이 죽자 궁 안팎의 병사들은 모두 소리 높여 만세를 불렀고, 수

8) 소설 《삼국지》는 이 일을 아주 생동감 있게 묘사하고 있다. 왕윤에게는 초선이라는 계집종이 있었는데, 왕윤은 초선을 이용해 '연환계'를 펼쳤다. 먼저 여포를 초대하여 이 여인을 여포에게 주겠다고 하고, 여포를 미래의 사위라고 불렀다. 그런 다음 초선을 다시 동탁의 첩으로 바쳤다. 왕윤은 질투심에 눈이 먼 여포에게 부자의 정을 생각할 필요도 없으며 동탁과 여포의 관계는 단지 양부, 양자 혹은 의부, 의자 관계일 뿐이라고 했다. 게다가 동탁이 여포에게 창을 던졌을 때 부자의 정은 없어졌다며 동탁제거를 부추겼다. 결국 여포는 동탁을 죽였고 왕윤의 소원이 이루어졌다.

많은 백성들이 거리로 뛰어 나와 노래하며 춤을 췄으며, 일부 사람들은 재물을 팔아 잔치를 벌이기도 했다. 동탁의 배꼽에 심지를 꽂아 불을 붙이자 하룻밤 동안 불이 꺼지지 않았다고도 한다. 또한 동탁의 시체를 불태워 길에 뿌려대기도 했다는데, 이러한 이야기들은 정사와 소설《삼국연의》에서 찾아 볼 수 있다.

왕윤은 동탁을 살해하고 나서 헌제로부터 녹상서사의 실권을 부여받았고, 여포는 온후(溫侯)로 봉해졌으며, 분위(奮威)장군에 임명되었다.

왕윤은 황보숭에게 동탁의 재물을 몰수하라고 명령는데, 몰수 된 재물은 엄청난 보물들이었다. 또한 동탁의 노모와 동생 동민(董旻) 등 동씨 가문의 남녀는 처형당했다.

또한 왕윤은 여포를 파견하여 동탁의 사위 우보(牛輔)를 치게 했다. 우보가 죽은 후, 그의 부하였던 이각(李傕)·곽사(郭汜)·장제(張濟)는 왕윤에게 사면을 청했다. 하지만 이들 세 사람은 예전에 왕윤과 같은 고향인 병주(并州) 사람 수 백 명을 도살했던 적이 있었기 때문에 왕윤은 사면해주지 않았다. 이각을 비롯한 세 사람은 사면되지 못하자 반란을 일으켰다. 동탁의 또 다른 부장이었던 번조(樊稠) 또한 반란군에 가세하였다. 여포는 이들 반란군을 진압하지 못하고 장안을 떠나 남양의 원술에게 몸을 의탁하게 된다. 그러자 왕윤은 이각의 포로가 되어 죽음을 당하게 되었다.

장제는 권력을 전혀 행사하지 못했고, 이각, 곽사, 번조는 조정을 장악하고 자기 사람들을 곳곳에 관리로 등용하는 등 제멋대로 권력을 휘둘렀다. 그들 세 사람은 장안을 삼분하여 각각 관리하였으나, 어느 곳 하나 제대로 다스려지지 않았다. 그들의 군대는 통제가 되지 않았고 기율이 전혀 없어 백성들을 노예처럼 함부로 다루었다.

흥평 원년(194), 이각은 마음에 들지 않던 번조를 연회 중에 끌고 나가 죽여 버렸다. 이 일이 있은 후, 이각은 종종 곽사를 청하여 함께 술을 마셨는데, 곽사는 자신 또한 번조처럼 죽임을 당하지 않을까 경계하였다. 결국은 두 사람이 서로 의심하다 충돌하게 되었다.

동탁이 장안으로 수도를 옮기고 빗장을 걸어 잠근 이후, 물자는 부족하고 물가는 치솟았다. 백성들의 삶은 이미 견딜 수 없을 정도로 피폐해졌는데 이런 이각과 곽사 두 사람의 분쟁은 백성들의 삶을 완전히 파탄으로 몰아넣어 버린다. 《후한서·동탁전》에 따르면 '사람들이 서로를 잡아먹고 백골은 쌓여만 가 썩는 냄새와 오물이 길거리에 가득하다.'고 표현하였다. 이각, 곽사 두 사람의 분쟁은 흥평 2년까지 지속되어 원래 수십만이 살았던 장안은 인적이 사라질 정도로 황폐해졌다.

이각은 헌제를 궁에서 모시고 나와 자신의 궁으로 옮겼다. 헌제는 양표와 장희(張喜) 주준 등을 곽사에게 보내 이각과 화해하도록 권하기도 하였다. 동시에 곽사를 거기장군에, 이각을 대사마로 승진시키기도 하였으나 그들의 불화는 전혀 해결되지 않았다.

그들의 대립은 멀리 섬현에서 온 장제가 화해를 유도하면서 해결되었다. 장제는 또한 헌제와 공경대부를 섬현의 홍농군(弘農郡)에 두자고 제안했다. 당시 15세인 황제 역시 십 여 차례 사람을 보내자 비로소 이각의 허락이 떨어졌다.

흥평 원년 7월 헌제 일행은 이각의 북오(北塢)군영에서 나와 양정(楊定)·양봉(楊奉)·동승(董承) 등의 호송을 받으며 홍농으로 향했다. 두

달 후에 곽사는 갑자기 후회하며 다시 헌제를 데려오려 하였다. 그러나 양정과 양봉은 헌제를 내어주지 않고 전투를 벌여 곽사를 물리쳐 버린다. 곽사는 패배 이후 장안으로 돌아와 이각과 화해하고 장제와 함께 양봉과 양정을 치기로 한다.

11월에 헌제 일행은 홍농군에 이르렀지만 이각과 곽사의 연합군에게 추격을 당하게 된다. 이번에는 양봉과 양정이 그들을 막을 수 없었다. 이리되자 양봉은 동승에게 계책을 내놓았는데, 산서(山西)의 백파적(白波賊) 수령 이락(李樂)·한섬(韓暹)과 남흉노(南匈奴)에서 귀화한 좌현왕(左賢王)을 청하여 이각과 곽사를 막기로 한 것이었다. 예상대로 이각과 곽사는 양봉과 양정을 이기긴 했지만, 백파군과 남흉노를 당해내지는 못하였다. 동승 등은 이튿에 헌제 일행을 데리고 하동군 안읍(安邑)으로 간다. 하동군 태수 왕읍(王邑)과 하내태수 장양(張楊)은 헌제 일행을 환영하고 극진히 대접하였다.

건안 원년(196년) 7월, 헌제는 안읍에서 마침내 낙양으로 다시 돌아간다. 그러나 낙양의 궁전은 이미 불타 없어지고 도로에는 잡초만 무성한 폐허상태였다. 지방의 주나 군에서 군대를 거느리고 자신을 보호해주려 낙양으로 달려오는 자가 없었다. 허나 이때에 조조가 달려와 천자를 영접해 허현을 수도로 정한 다음 천자를 끼고서 천하를 통치하게 된다.

초선(貂蟬)

서시(西施), 왕소군(王昭君), 양귀비와 더불어 중국의 4대 미녀로 꼽히는 초선은 친딸처럼 아껴주던 왕윤의 은혜에 보답하기 위해 그를 도와 연환계(連環計)를 성공시킨 것으로 알려져 있다. 소설《삼국연의》는 동탁과 여포 사이를 갈라놓기 위해 고군분투하는 초선의 활약상을 생동감 있게 묘사하고 있지만, 왕윤의 가기(歌妓)였다는 것을 제외하고 초선의 출신에 관한 언급은 전혀 없다. 초선은 어떤 인물이었을까?

진수(陳壽)의《삼국지》,《후한서(後漢書》 등 정사(正史)의 기록에는 초선에 관한 기록이 없다. 다만,《삼국지·여포전》에 "布與卓侍婢私通(여포가 동탁의 시녀와 사사로이 정을 통했다)"라는 짧은 기록만이 있을 뿐이다. 소설에서 흥미진진하게 서술되었던 초선의 미모를 이용한 연환계도, 초선의 활약상도 찾아볼 수가 없다.

초선은 앞서 언급한 정사 <여포전> 의 기록에다 사람들의 상상력이 더해져 만들어진 허구의 인물인 것이다. 그녀가 세간에 알려지기 시작한 것은 원대(元代) 이후부터이다. 작자를 알 수 없는《연환계(連環計)》 등 희곡과《삼국지평화(三國志平話)》 등의 작품에서 비로소 초선을 이용한 연환계가 묘사되긴 하지만, 초선의 출신성분· 왕윤과의 관계설정· 연환계 참여동기· 동탁 제거 이후 여포와의 관계 설정 등 여러 방면에서 소설《삼국연의》의 묘사와는 차이가 있다.

제2장
삼국지 문화의 구성

삼국지문화의 구성은 대체로 역사서《삼국지》소설《삼국연의》민간전설로 이루어져 있다. 역사서《삼국지》에 등장하는 인물과 사건이 기본골격이고, 이것이 소설화되어지는 과정에서 정리자가 가미한 허구적 요소는 읽을거리를 제공하였으며, 일반인들의 바람과 정서가 담겨진 민간의 전설이 전반적으로 삼국지문화를 이루는 중요 토대라 할 수 있다.

1. 역사서《삼국지》

삼국지문화의 바탕은 기본적으로 동한(東漢)말기부터 위(魏)·촉(蜀)·오(吳) 삼국으로 나뉘었던 삼국시대[1]의 모든 역사적 사실이 토대를 이루고 있다. 실제로 있었던 역사적 사실과 실존했던 인물이 소재가 되어 역사소설《삼국연의》의 주된 줄거리를 이끌어 가는 것이다.

소설《삼국연의》에는 혼란스러웠던 동한 말 당시에 하진·동탁 등

1) 위(魏; 220-265), 촉(蜀; 221-263), 오(吳; 229-280).

의 기존 수구세력의 발호 및 손견·원소·조조 등 각 지역에 기반을 둔 신흥 호족세력의 등장, 신구 정치세력들 간의 갈등과 패권 다툼은 물론이고 신흥세력들 간의 세력다툼의 결과로 인해 천하가 삼분되어져 조조·유비·손권에 의해 이끌어져가는 과정이 잘 서술되어져 있다. 그 과정에 등장하는 많은 인물과 적벽대전 등과 같은 사건에 대한 묘사와 서술은 모두가 역사서《삼국지》에 기술된 실제 사실인 것이다.

《삼국지》는 진수(陳壽)[2]가 위·촉·오 세 나라의 역사를 기전체(紀傳體)[3] 형식으로 쓴 역사서이다. 진수가 저술한 이 역사서《삼국지》속의 모든 역사적 사실이 바로 삼국지문화의 기본적 바탕이 되는 것이다.

2. 소설《삼국연의》

삼국지문화의 주요 부분은 소설《삼국연의》의 내용이다. 소설《삼국연의》는 역사서《삼국지》의 사실(史實)을 기본 토대로 하여, 당·송시기의 보고 듣는 독자층 및 원·명시기의 읽는 독자층들의 바람이 반영된 허구적 부분을 첨가하여 구성되었다.

사서에 기술된 역사적 사실이 소설화된 과정은 두 가지로 나누어진다. 하나는 역사서에 구체적 기록이 없음에도 불구하고 추측 확대하여 허구로 꾸민 것이고, 다른 하나는 작은 역사적 사건을 확대하고 과장해서 묘사와 서술을 더한 것이다.

2) 진수(233-297): 자(字)는 승조(承祚).

3) 역사적 인물의 전기(傳記)를 중심으로 기록하는 역사 편찬의 한 체재.

1) 완전한 허구의 가미

첫째, 도원결의(桃園結義) 이야기를 들 수 있겠다. 유비·관우·장비는 삼국시대 촉한의 중요 인물들이었다. 역사서《삼국지》를 살펴보면 이 세 사람은 공적으로는 임금과 신하, 사적으로는 형제의 정(情)으로 맺어졌다. 역사 기록에 바탕 한 세 사람의 관계가 송·원대 이후로 민간 문학 분야에서 결의의 이야기와 함께 감동적으로 미화되어지며 문학적으로 변용되기 시작했다. 민간에서 성행한 각종 공연예술은 물론이고,《삼국지평화(三國志平話)》 등의 작품에 이르면 미화와 과장이 더해지면서 서서히 도원결의의 이야기가 구체적으로 형성되어진다.

둘째, 천하의 명의 화타(華佗)의 이야기를 들 수 있겠다. 소설《삼국연의》에서는 명의 화타가 등장하여 관우와 조조, 두 영웅을 치료한다. 이 중 관우를 치료한 이야기는 소설에서만 볼 수 있는 완전한 허구이다. 실제 관우가 화살을 맞아 다친 팔은 왼쪽이지만, 소설에서는 오른쪽 팔로 묘사되는 것도 소설화 과정에서 꾸며진 허구의 내용인 것이다.

2) 역사적 사실의 확대

첫째, 적벽대전(赤壁大戰)을 들 수 있다. 적벽대전에서 조조가 패배한 원인은 소설《삼국연의》에서 묘사한 화공(火攻)뿐 아니라[4] 당시의 풍토병에 북방의 군사들이 적응을 하지 못했기 때문이다[5]. 소설에서 표

---

4)《三國志》(北京: 中華書局, 1985) <吳書·周瑜傳>, 1262-1263쪽 참조.

5)《三國志》, 앞의 책, <魏書·武帝紀>, 31쪽 참조.

현한 적벽대전은 기본적으로 역사적 사실과 부합하지만, 사실과 다른 허구적 요소가 적지 않다. 역사서《삼국지》의 기록을 살펴보면, "초선차전(草船借箭)"의 주인공은 제갈량이 아닌 손권이었다. 이는 역사적 사실을 흥미로운 스토리 전개를 위해 확대한 것이라 할 수 있겠다. 이로 인해 오늘날까지도 삼국지문화 속에서는 제갈량이 "초선차전"의 주인공으로 알려진 것이다.

둘째, 청매정(青梅亭) 이야기를 들 수 있다. 사실 역사서《삼국지》에도 조조와 유비가 영웅의 일을 논한 사실이 몇 구절 간단히 기록되어 있다[6]. 그러나 소설《삼국연의》에서는 이 일을 매우 생동적으로 묘사하여 흥미를 유발한다[7].

셋째, 화용도(華容道)에서 관우가 조조를 풀어주어 은혜에 보답한 이야기를 들 수 있다. 역사서에는 조조가 화용도를 지나갔다는 짧은 기록[8]만 있을 뿐인데, 소설은 이 이야기를 변화시켜 독자들이 관우를 의로운 사람으로 각인하게 만든다. 소설의 전체 스토리 전개의 사실성을 위해 작은 역사적 기술을 허구화하였고, 인물 성격의 개성을 부각하기 위해 실제 사실을 확대한 것이다[9].

넷째, 사수관(汜水關) 전투에서 관우가 술이 다 식기 전에 동탁의 맹장 화웅(華雄)의 목을 베어온다는 이야기를 들 수 있다[10]. 그러나 화웅

---

6)《三國志》, 앞의 책, <蜀書·先主傳>, 875쪽 참조.

7)《三國演義》, 21회 참조.

8)《三國志》, 앞의 책, <魏書·武帝紀>, 31쪽 참조.

9)《三國演義》, 50회 참조.

10)《三國演義》, 5회 참조.

을 죽인 장수는 사실 손견이다[11]. 관우의 용맹과 의연함을 돋보이게 하기 위한 작자의 의도적 서술이라 하겠다.

이 외에도 소설《삼국연의》에는 많은 부분에서 역사적 사실을 확대하여 허구화한 수많은 이야기가 있다. 이는 스토리의 재미를 위해서 혹은 인물의 성격을 개성적으로 표현하기 위해서이며, 또 독자들의 염원을 반영하기 위한 작자의 의도적 기술이라고 할 수 있다. 이는 바로 역사소설의 소설적 예술성의 장점이자 한계이기도 하다. 소설《삼국연의》의 이러한 부분이 중국 삼국지문화에 고스란히 한 부분으로 남아 큰 틀을 형성하고 있는 것이다.

3. 민간전설

삼국지문화를 구성하고 있는 또 하나의 요소는 바로 민간전설[12]이다. 이는 역사서《삼국지》나 소설《삼국연의》의 어디에도 언급되지 않았지만 중국의 민간인들이 예전부터 알고 있고, 사실 여부와는 상관없이 기정사실로 믿고 있는 여러 민간전설들로 구성된다.

소설《삼국연의》에 반영된 민간전설로는 '삼고초려(三顧草廬)'나 조운(趙雲)과 아두(阿斗) 이야기 등이 있다. 특히 삼고초려 전설은 소설에서의 서술과는 달리 민간전설에서는 '제갈량이 유비를 세 번 시험

11)《三國志》, 앞의 책, <吳書 · 孫堅傳>, 1046쪽 참조.

12) 자세한 것은 제5장《三國演義》와 민간전설에서 다시 다루기로 한다.

하였다(三試劉備)'는 전설과 '유비가 제갈량에게 세 번 찾아갔다(三請諸葛)'는 전설 등이 있다. 첫번째 '삼시유비' 전설도 소설에서의 이야기 전개와 유사한 내용의 전설과, 소설과 전혀 다른 이야기의 전설 두 가지가 있다. 두번째 '삼청제갈' 전설도 역시 두 가지 다른 내용이 있다. 그 하나는 장비의 기지로 제갈량을 모셔온다는 내용이고, 또 다른 전설은 유비가 제갈량을 찾아왔을 때 공교롭게도 제갈량이 모친상을 당하여 집밖을 나갈 수 없었기 때문에 세 번이나 찾아오게 되었다는 전설이다. 내용상 다소 차이가 있지만 소설에 반영되어 있다.

소설 《삼국연의》에 반영되지 않은 민간전설로는 '관우의 출생에 관한 전설'이나 '망부대(望夫臺)', '탁도천(卓刀泉)'과 관련된 전설 등이 있다. 이러한 전설들은 소설 속에 서술되지 않았고 아무런 역사적 근거도 없지만 오늘날까지 민간인들의 가슴에 새겨져 전해져 오고 있다. 중국의 민간인들은 전혀 의심하지 않고 당연히 그러하리라고 여기며 이런 전설을 믿으며 살아간다.

이와 같은 민간전설은 어느 날 갑자기 형성된 것이 아니며 수많은 세월을 거쳤기에 유구한 역사성을 지닌다. 이 외에도 오늘날 중국의 삼국지문화 속에는 소설 속에 반영되지 않아 비교적 덜 알려진 수많은 전설이 각 지역을 중심으로 존재하고 있다.

4. 삼국지문화의 성격

1) 관우 중심적

관우는 중국에서 소설《삼국연의》에서의 모습처럼 용맹이 뛰어나고 지략을 갖춘 훌륭한 한 영웅의 수준을 훨씬 뛰어넘어 신으로 추앙받고 있다. 이토록 관우를 신으로 모시는 현상은 전 중국에 걸친 보편적인 것으로 삼국지문화의 핵심이라 하겠다. 사실 중국의 어지간한 도시나 마을에는 어김없이 관우사당이 있고, 웬만한 상점이나 식당의 입구에는 관우상이 모셔져 있다.

그동안 중국에서는 역사적으로 두 사람이 성인으로 추앙되어져 왔는데, 한사람은 공자이고, 다른 한 사람이 관우이다. 공자는 문성(文聖)으로 관우는 무성(武聖)으로 대접받아왔던 것이다. 공자는 사대부 문인들을 중심으로 성인 대접을 받은 반면에 관우는 공자와 어깨를 나란히 하며 민간인들을 중심으로 성인으로 모셔져왔던 것이다. 중국에서는 성인의 무덤을 림(林)이라고 한다. 그래서 공자의 무덤을 공림(孔林), 관우의 무덤을 관림(關林)이라고 하는 것이다.[13] 이런 무성 관우가 언제부터인지 인간의 영역을 뛰어넘어 신의 지위로 격상되었다.

관우는 평생 동안 주군 유비를 모시며 충성을 다하였다. 임금의 입장에서는 모든 신하가 관우만큼 충성을 다해준다면 그보다 더 바랄 것이 없었다. 이런 이유로 송대 이후 중국의 봉건통치자들은 정치적

---

13)《三國勝迹遍神州》, (中央人民廣播電台《祖國各地》節目組編, 1985), 127쪽 참조.

인 목적에서 관우를 충의의 화신으로 내세우며 끊임없이 그를 미화하였다.[14] 특히 명대에 이르러 본격적으로 신격화되기 시작해 청대에는 절정에 이르게 되어 호국지신(護國之神)이 된다. 이런 과정에서 중국의 민간인들은 관우를 후(侯)에서 왕(王)으로 칭하고, 대제(大帝)로 모시며, 무성인(武聖人)으로 추앙하다, 결국에는 재물과 장사를 관장하는 무신(武神)으로 떠받들며 중국 방방곡곡에 큰 사당을 짓고 그를 기리며 제사를 지내게 된 것이다.[15]

이처럼 관우의 신격화는 바로 중국 민간인들의 바람이 반영된 것이며 오랜 역사성을 지니고 있는 것이다. 이러다보니 자연히 중국 민간인들의 생각과 모습이 고스란히 반영된 삼국지문화 속에는 관우의 위치가 절대적일 수밖에 없다. 중국 각지에 펴져 있는 삼국지문화 유적의 상당수가 관우와 관계된 것이며, 삼국지문화 속의 많은 이야기가 관우와 관련되어 전해져 오고 있고, 동시에 이들을 둘러싼 해설 역시 '관우신격화' 작업의 차원에서 이루어지고 있는 것이다.

결국 역사 속의 한 인물이 민간인들 가슴 속의 신이 되어 그들의 마음을 지배하며, 문화현상의 중심에까지 자리하게 된 것이다. 그래서 중국의 삼국지문화는 관우와 떨어져서 존재할 수 없는 관우중심적인 문화라고 할 수 있겠다.[16]

14) 曹大良 編著,《三國人物風雲榜》(北京, 農村讀物出版社, 2002), 221쪽.《三國勝迹遍神州》, 앞의 책, 127쪽. 등 참조.

15) 侯學金 主編《解州關帝廟》(解州關帝廟文物保管所編, 1998年), 66쪽 참조,

16) 7장 <관우문화>에서 상세히 살펴보겠다.

2) 촉한 중심적

소설《삼국연의》가 기본적으로 촉한을 중심으로 서술되고 묘사되어져 있고, 삼국지문화의 핵심이 관우이다보니 중국 삼국지문화의 전체적 성격 역시 촉한을 중심으로 형성되어 있다.[17] 사실 중국 삼국지문화의 삼국시대의 상황에 대한 이해와 인식은 역사적 사실과는 관계없이 소설《삼국연의》에서 서술된 내용으로부터 가장 많은 영향을 받고 있다.

소설《삼국연의》가 촉한 중심으로 기울게 되는 데는 다음의 몇 가지 요인이 있었다. 첫째, 역사관의 문제이다. 소설《삼국연의》에 대한 이해와 기술은 여러 가지 관점이 존재할 수 있으나 대체로 위정통론(魏正統論)과 촉한정통론(蜀漢正統論)이 있다. 소설《삼국연의》를 역사서《삼국지》와 비교해보면 상이점을 발견할 수 있는데, 가장 두드러지는 차이는 역사관에 있다. 소설《삼국연의》가 유비의 촉한을 정통 왕조로 내세우는데 반해, 역사서《삼국지》에서는 소설과는 정반대로 위나라의 임금인 조씨(曹氏) 일가에게만 황제의 호칭을 붙여 천하의 패권이 위에 있었다고 기록하고 있다.[18] 이처럼 위정통론에 바탕한 역사서《삼국지》는 삼국시대 사건에 대한 기술은 비교적 객관성을 지니고 있으나, 인물 평가에 있어서는 촉의 제갈량을 지나치게 폄하

17) 여기에서 말하는 '촉한중심'이란 말은 위정통론(魏正統論)에 대한 상대적 개념이며, 절대적 개념에서 볼 때 중국의 삼국지문화는 여러 면에서 촉한 중심에서 벗어나 다양한 문화를 수용하려는 표용적 성격을 보여주고 있다.

18) 전홍철, 〈황석영삼국지·해제〉(서울, 창작과비평사, 2004), 10권 248쪽 참조.

[19]하는 등 다소 그 객관성을 잃은 듯하다. 또한 기록의 분량에 있어서도 위·촉·오 세 나라 역사 중 촉나라에 대한 서술이 가장 간략하다. 이러한 점은 유가적 가치관을 지니고서 촉한정통론을 중시하는 사람들에게는 지극히 불만스러울 수밖에 없었던 것이다. 둘째, 관우의 신격화이다. 소설 《삼국연의》가 원말 명초에 소설로 완성되어지는 소설화과정에서 크게 영향을 받은 또 다른 요인은 바로 당시 독자층의 한 축이었던 민간인들의 분위기였다. 소설 장르의 민간문학적 성격을 볼 때, 당시 민간의 분위기 또한 자연스레 반영되어 질 수 밖에 없었던 것이다. 이미 민간에서 관우의 인기가 워낙 좋다보니 편찬자로서는 소설화과정에 이런 분위기를 반영하지 않을 수 없었던 것이다. 셋째, 독자층의 성격 변화이다. 삼국지 이야기가 본격적인 읽는 소설로 자리 잡게 되는 명대는 이미 정통 주자학이 융성하여 유교적 가치관을 지닌 독자층이 비약적으로 늘어났던 시대였다. 넷째, 상업적 이유이다. 소설책을 유사 역사로 인식시켜 식자층의 구매를 유도하여 부를 축적하려 했던 출판업자들의 욕망이 맞물렸던 것이다.

이러한 시대적 사회적 요인은 촉한을 중심으로 하는 새로운 삼국지 이야기의 출현을 갈망하게 하였고, 결국 소설 《삼국연의》의 전체적 기술 방향을 역사적 사실과는 달리 촉한 중심의 촉한정통론으로 기울도록 하였던 것이다. 이러한 시대적 요구에 부응하기 위해 나관중은 역사서 《삼국지》를 진수와 정반대되는 역사관으로 재해석한 바탕 위에서, 오랜 세월 동안 민간의 이야기판 여기저기에 흩어져 있던 삼

19) 《三國志》卷35〈蜀書·諸葛亮傳〉: "可謂識治之良才, 管·蕭之亞匹矣. 然連年動衆, 未能成功, 蓋應變將略, 非有所長歟!"

국지 이야기를 한꺼번에 묶어 이전과는 전혀 다른 새로운 소설을 만들었던 것이다.[20]

3) 종합적 포용적

중국의 삼국지문화 속에 도교·불교·유교문화가 공존하고 있다는 점은 특이하다. 삼국지문화의 기본적 역사관점은 앞서 살펴본 바와 같이 촉한중심적이다. 허나 민간의 종교 사상적 측면에서 들여다보면 중국의 삼국지문화는 촉한중심에서 벗어나고 있고 동시에 유교중심에서 벗어나고 있으며 그 전체적 성격이 종합적이고 포용적임을 알 수 있다. 실제 삼국지문화 현장을 살펴보면 잘 알 수 있다.

(1) 허창시(許昌市) 장공사(張公祠)

중국 하남성 허창시는 삼국시대 당시 조조의 위나라 수도였다. 조조의 심장부 허창에 장공사라는 적장 장비의 사당이 있다. 서기 196년, 한나라 헌제(獻帝)가 조조의 강권에 의해 낙양에서 허창으로 도읍을 옮긴 이후, 조조의 아들 조비(曹丕)가 황제의 보위를 빼앗아 다시 낙양으로 도읍을 옮길 때까지 허창은 25년간 한위(漢魏)의 수도였다. 그래서 이 허창 지역에는 많은 삼국문화 유적이 남겨져 있는데 대부분이 위나라와 관련된 유적들이다.[21]

20) 전홍철, 앞의 글 참조.

21) 史友仁 孟德善 周進勳 編著,《許昌三國大觀》(鄭州, 中州古籍出版社, 1996), 참조.

그렇다면 어떻게 위나라의 수도에 적장 장비의 사당이 남아있게 되었을까? 소설 《삼국연의》에서는 그 유명한 장판파(長板坡)전투에서 장비가 홀로 당양교(當陽橋)에 서서 조조의 대군을 물리친 부분을 서술하면서 그의 용맹스러운 기개를 사실적으로 잘 묘사하여 형상화하고 있다. 조조의 군사 수가 많은 것은 둘째치고라도 이전(李典)·하후돈(夏候惇)·허저(許褚) 등 용맹스런 장수들이 조조의 곁에 여럿 있었음에도 장비 한사람의 기세를 이기지 못해 다투어 도망쳤던 것이다. 이렇게 세상 사람의 간담을 서늘하게 만들었던 천하의 호걸 장비는 특히 적지인 위나라 사람들에게 더 인상적이었으며, 동시에 그가 본시 북방 연(燕)나라 사람이었기에 그들에게는 장비가 자랑스러운 인물로 생각되었던 것이다. 그런 까닭에 조조의 심장부였던 허창에 촉나라 장수 장비를 모셔놓은 사당이 남겨져 있는 것이다. 바로 이것이 허창의 장공사이다.

장비는 소설 《삼국연의》에서 앞뒤 재지 않고 즉흥적으로 행동하는 급한 성격의 소유자인데다 술을 지나치게 좋아하는 장수로 묘사되어 있다.[22] 이는 소설에서 장비라는 인물의 전형을 창출하기 위해 작가가 그의 힘과 급한 성격 등을 집중 부각시켜 아무생각 없이 힘만 믿고 설치는 장수로 형상화시켜 놓았기 때문이다. 그러나 다른 대목[23]을 자세히 살펴보면 장비는 용맹에다 나름대로 지략을 갖춘 장수이었기에 고

---

22) 《三國演義》 42回, 앞의 책, 214-215쪽.

23) 소설 《삼국연의》 제14회에서 장비는 서주성에서 술을 자제하지 못하고 경계를 게을리 하다 여포(呂布)에게 기습당하였고, 심지어 제81회에서는 결국 술로 인해 그의 생을 비참하게 마감하고 만 장수로 묘사되어 있다.

향사람들에게는 더욱 큰 자랑거리였을 것이다.

이 장공사는 장비와 함께 부처도 모시면서 포청천(包青天)까지 모셔놓은 사당이라는 점이 특이하다. 장공사 안에는 장비를 모신 전각과 함께 부처를 모신 법당과 포청천을 모셔놓은 전각이 나란히 너무나 자연스레 어우러져 있다. 그래서 이 장공사를 포공묘(包公廟)라고 부르기도 한다.

본래 이 사당은 촉나라 장수 장비를 모신 곳이었다. 그러다 어느날 법당이 들어서고 또 청대부터는 당시 민간의 존경을 한 몸에 받던 포청천도 이 곳에 함께 모셔졌다.[24] 즉 삼국 문화에다 위(魏)·진(晋) 이후의 불교 문화, 송대 이후의 포청천에 대한 민간인들의 존경심이 모두 이 한 곳에 어우러진 것이다. 촉나라 장수 장비를 위나라 사람들이 모셔놓은 것이나, 전혀 다른 종교적 이념을 지닌 사당이 같은 곳에 나란히 있는 것 등이 매우 특이한 점이라 하겠다. 중국의 전통 유가·도가·불가 사상이 민간인들의 염원이 담긴 삼국지문화속에서는 자연스레 함께 수용되어져 왔음을 보여 준다.

(2) 오림촌(烏林村) 조공사(曹公祠)

중국 호북성 홍호현의 남동쪽 오림촌에는 조조를 모셔놓은 조공사라는 사당이 있다. 이 곳 오림촌은 적벽대전 전투지로서 조조군의 진영이 있던 곳이다. 전통적으로 오에 속하는 지역이었으나, 적벽대전

24) 소설《삼국연의》제42회 장판파 전투나, 제63회 사천에서 적장 엄안(嚴顔)을 사로잡는 과정에서는 지략을 갖춘 훌륭한 장수로 묘사되어 있다.

당시에는 장강을 사이에 두고 조조군이 유비·손권 연합군과 대치하였던 곳이다. 오림은 전략상 중요한 지역이었다. 조조군의 진영에서 북으로 통하는 길목이었기에 후방 북쪽에서 오는 식량과 보급품을 저장해두는 곳이었다.

조조군은 결국 이 적벽대전 전투에서 대패를 하고 북으로 패주 하였다. 그래서 이 오림은 조조군에게는 참패의 현장이고, 유비·손권 연합군에게는 승리의 장소이다. 이 적벽대전은 오림을 비롯한 주변의 여러 곳에 많은 유적을 남겨놓았다. 오림 지역에는 조조만(曹操灣), 홍혈항(紅血巷), 만인갱(萬人坑) 등의 적벽대전 때의 조조군과 관련된 유적들이 아직 남아있기도 하다.[25] 이 중 주목을 끄는 것이 바로 오림촌 조공사인 것이다. 왜냐하면 강대한 조조군이 참담한 패배를 맛본 치욕의 전투장이었고, 오에 속한 지역임에도 불구하고 대패한 적장 조조를 모시는 사당이 남아있기 때문이다.

사실 여부와 관계없이 소설의 영향으로 인해 적벽대전이 세상에 알려지기로는 오의 장수 주유(周瑜)와 방통(龐統) 제갈량 등이 맹활약을 하여, 화공으로 조조의 백만대군을 불사른 것으로 되어있다. 그러니 주유 제갈량 등이 당연히 전쟁영웅으로 떠받들어져야 할 것이다. 물론 오림과 장강을 사이에 두고 북쪽에 위치한 호북성 적벽시쪽의 적벽대전 유적지에는 적벽공원이 조성되어 커다란 주유의 동상이 세워져 있기는 하다. 하지만 최근 문화대혁명을 거치면서 이 사당이 훼손되어버려 잊어버릴 법도 한데, 민간인들이 다시 보수하여 조상 대대로

25) 史友仁 等編, 앞의 책, 40쪽 참조.

계속하여 조조를 모시는 것을 보면 이는 가히 문화적 전통이라 할 수 있겠다.[26]

이처럼 위나라 지역에서 적장 장비가 모셔지고 있고, 오나라 지역에서 조조가 모셔지고 있는 것에서 알 수 있듯이 중국의 삼국지문화는 결코 배타적이지 않고 대단히 종합적이고 포용적이라 하겠다. 역사는 승자의 기록이라고 하지만 승리한 자만을 기리는 것이 아니고, 패배한 적장을 아직까지도 기억하고 제사지내며 모시는 것을 보면 중국의 삼국지문화가 얼마나 포용적인가를 알 수 있게 해준다.

4) 지역 문화 중심적

중국의 삼국지문화는 그 밑바탕에 자신의 지역에 대한 문화적 자부심이 깔려있다. 따지고 보면 위·촉·오 삼국이 직접 위치했던 중국의 많은 공간이 삼국지문화유적의 현장이고, 이후 확대되어진 중국의 모든 영토와 주변이 간접적인 삼국지문화의 영향권이라 할 수 있다. 다시 말해 전 중국이 삼국지문화의 문화적영역권이라 할 수 있는 것이다. 그래서 중국의 민간인들은 예로부터 자기 고장에 삼국지문화 유적이 있거나, 삼국지문화 속의 인물이 자기 출신이라는 점에 대해 대단한 자부심을 지녀왔다. 이런 까닭에 지역별로 자신들의 삼국지문화에 대한 이해와 인식이 다양하며, 자부심 또한 엄청난 수준이다.

26) 蔡遠雄 劉衛祖 陳連生 等,《三國勝迹湖北多》(武漢, 湖北人民出版社, 1985), 123쪽 참조.

(1) 적벽(赤壁)

먼저 적벽대전의 장소라고 주장하는 중국 각 지방의 문화유적에 대한 자부심을 살펴보자. 중국에는 두 곳의 적벽이 존재하고 있다. 하나는 삼국시대 최대의 격전장이었던 곳, 호북성 적벽시의 적벽을 가리키는 것이고, 다른 하나의 적벽은 송대 최대의 문호였던 소동파(蘇東坡)가 유배시절 객과 더불어 배를 띄워 놀며 명문장 적벽부(赤壁賦)를 지었던 호북성 황강현(黃岡縣)에 있는 적벽을 말한다. 그래서 중국인들은 이 소동파가 노닐며 지은 적벽부로 인해서 이 곳을 문적벽(文赤壁)이라 부르고, 삼국지 전쟁터였던 적벽시의 적벽을 무적벽(武赤壁)이라고 부른다.[27]

그런데 중국에서는 전쟁터 무적벽이 바로 자신들의 고장이라고 여러 지역에서 주장을 하고 있다. 사실 '적벽'의 유래는 다음과 같다. 오림과 적벽은 장강 하나를 사이에 두고 마주보고 있다. 당시 장강 남쪽 강변의 산 쪽은 손권과 유비가 군대를 주둔시킨 장소였고, 조조는 강의 북쪽에 있는 오림에 군대를 주둔시켰다. 손권과 유비의 연합군은 화공을 써서 먼저 강에 있는 조조군의 전투선을 불태워버린 다음, 이어 북쪽 강변의 오림에까지 불을 놓았다. 당시 오림 일대는 고목이 하늘 높이 치솟아 있는 원시림이었으나, 그 때 불타 잿더미가 되었다. 당시 활활 타오르던 불이 장강 남쪽 강변의 절벽을 붉게 비추었기 때문에 이 절벽을 즉 적벽이라 부르고 그 산을 적벽산이라 부르게 되었

27) 이 사당은 문화대혁명 때에 훼손되었다가 보수된 것이며, 이 사당을 지키는 사람들은 모두가 증(曾)씨이며 조상 대대로 조조를 숭배해왔다고 한다.

던 것이다.[28]

이 적벽대전의 전쟁터가 수당(隋唐) 이래로 내려오면서, 호북성 장강 일대에는 저마다 그 곳이 적벽대전의 장소라고 주장하는 적벽이 한 때는 무려 포기(蒲圻), 무창(武昌), 한천(漢川), 한양(漢陽)과 황주(黃州)의 다섯 곳이나 되었다고 한다.[29] 정부의 주도하에 고증을 통해 포기 지역으로 정하고 아예 적벽시로 행정적 지명정리까지 한 상태이다. 현재 무적벽 유적은 호북성 적벽시의 서북쪽 40km 지점의 장강 남쪽 강변에 적벽공원으로 조성되어져 있다. 이처럼 5개의 적벽이 존재하다 적벽시로 정리해야만 할 정도로 중국의 민간인들은 자신의 지역이 삼국지문화와 관계되기를 원하고 있고, 이런 관련성에 대해 대단한 긍지와 자부심을 지니고 또 지니려고 한다.

(2) 융중(隆中)

중국에는 제갈량의 젊은 시절 거처였던 융중이 두 곳 있다. 하나는 호북성 양번시(襄樊市)의 고융중이고, 다른 하나는 하남성 남양시(南陽市)의 와룡강(臥龍崗)이다.

역사적 기록에 바탕 하여 제갈량의 삶을 살펴보면, 제갈량은 서기 181년 산동성 기수현(沂水縣)에서 태어났다. 어려서 부모가 일찍 죽고 그의 형 제갈근(諸葛瑾), 동생 제갈균(諸葛均) 그리고 두 누이와 함께 숙부 제갈현(諸葛玄)의 부양을 받게 된다. 14세 때 숙부를 따라 양양(襄

28) 《三國勝迹遍神州》, 앞의 책, 52-53쪽 참조.

29) 蔡遠雄 等, 앞의 책, 119쪽 참조.

陽)으로 오게 되고, 17세에 숙부가 죽자 융중으로 들어가 초가집을 몇 간 짓고 은거하며 한편으로 밭 갈고 한편으로 책을 읽으며 10년을 살았다고 한다. 어려서부터 재능이 남달랐던 그는 이 기간 동안에 항상 명사와 어울려 학문을 연구하고 토론하였는데, 그의 재능과 학식은 이미 세상 사람의 주목을 끌어 '와룡'의 칭호가 널리 알려져 있었다. 후에 사마휘(司馬徽)와 서서(徐庶)에 의해 유비에게 추천되어 지고, 유비는 그의 지혜를 구하기 위해 여러 차례 융중 초가집으로 찾아갔다. 서기 207년 27세의 나이에 그는 유비의 삼고초려에 감동하여 천하통일의 부푼 꿈을 안고 융중을 나서 파란만장한 그의 정치 생애를 시작했던 것이다. 이 때 세상으로 나와 54세에 오장원(五丈原)에서 병으로 세상을 마치게 된다.[30]

소설《삼국연의》를 보면 제갈량은 정말 세상에 한번 존재할까 말까 한 정도의 전지전능한 특출한 인물로 묘사되어 있다. 이로 인해 제갈공명은 중국인들의 마음속에 이미 지혜의 화신으로 자리 잡고 있다. 그래서 역사상의 제갈량이란 인물 자체에 대한 관심은 물론이고 그의 발자취가 스쳐간 삶의 유적 등은 예로부터 모든 사람의 관심의 대상이었다. 이 제갈량의 젊은 시절 거처가 바로 융중인데, 중국 호북성 양번시 양양(襄陽)의 남쪽에 위치하고 있다.

이 융중은 제갈량이 아름다운 청년시절을 보냈던 곳으로 천하를 손바닥에 두고 움직였던 그의 정치사상은 바로 이 시기에 형성되었다고 할 수 있다. 그래서 후세 중국인들은 그가 머물렀던 융중 시절의

30)《三國勝迹遍神州》, 앞의 책, 52쪽.

흔적과 자취를 보존해 그를 기리고자 하였다. 이에 융중에는 제갈량이 세상을 떠나고 얼마 되지 않은 진(晋)대부터 기념적 성격의 건축물이 들어서기 시작하여 이후 보수를 거듭하며 보존되고 있다.

그러나 흥미 있는 것은 중국에는 또 하나의 융중이 있다는 것이다. 하남성 남양시의 와룡강이 제갈량이 살았던 융중이라고 주장하는 것이다. 제갈량은 그가 유선(劉禪)에게 올린 출사표(出師表)에서 '제가 베옷 입고 남양 땅에서 밭갈고 있을 적에.'[31]라고 했는데, 이 남양 땅이 하남성 남양시라고 주장하는 것이다. 허나 이 때의 남양 땅은 당시의 남양군(郡)을 가리키는 말이다. 삼국시대의 남양군은 그 관할 지역이 현재의 호북성 북부를 포함하는 대단히 넓은 범위였다. 그 때 이 양양의 융중은 남양군 등현(鄧縣)의 한 산촌이었던 것이다. 정확한 사실여부를 알 수는 없으나 옛 문헌 속의 남양은 고대의 남양군 지역을 지칭하는 것으로 하남성 남양시를 가리키는 것은 아닌듯하나 남양시 사람들은 유적지를 조성해 놓고 제걀량을 추존하며 삼국지문화 중심지의 하나라고 자부하고 있다.[32]

중국인에게 있어 제갈량을 사모하고 기리는 마음은 한 시대 한 지역에 국한되는 것이 아니고 가히 시대와 지역을 초월한 중국 삼국지문화 속의 전반적 문화현상이라 하겠다.

31) 蔡遠雄 等, 앞의 책, 1-2쪽. 譚良嘯 主編, 《武侯祠大觀》(成都, 四川人民出版社, 1988) 224-229쪽 참조.

32) 諸葛亮, 〈出師表〉: '臣本布衣, 躬耕於南陽'

(3) 관우의 무덤

중국에는 관우의 무덤이 두 개있다. 하나는 하남성(河南省) 낙양시(洛陽市)에 있는 관림(關林)이고, 다른 하나는 호북성(湖北省) 당양시(當陽市)의 관릉(關陵)이다. 관림은 관우의 머리가 묻힌 곳이고, 관릉은 관우의 머리 없는 시신이 묻힌 곳이다.

관우의 죽음과 그의 시신 처리에 관한 당시의 역사적 기록을 살펴보면 대략 다음과 같다. 서기 219년, 건안(建安) 24년에 손권이 형주를 공격하여 강릉을 차지하고 장수들을 보내 관우를 공격하여 당양까지 추격하게 하였다. 관우와 그 아들 관평(關平)을 사로잡은 다음 임저(臨沮)에서 참하고는 유비가 군대를 일으켜 보복할까 두려워 한편으로 관우의 머리를 조조에게 바쳐 화를 그에게 떠넘기려하였고, 또 한편으로는 제후의 예를 갖추어 장사지내고 그의 시신을 당양 고장향(古漳鄕)에 묻어 주었다. 한편 관우의 머리를 받은 조조는 동오의 이러한 계략을 파악하고는 이에 말려들지 않으려 했다. 그래서 그도 제후의 예를 갖추어 장사지낸 다음 관우의 머리를 낙양의 남문 밖 명당자리에다 묻어 주어 유비와의 불필요한 충돌을 피했던 것이다. 이렇게 하여 관우는 손권과 조조에 의해 그 무덤이 두 개가 되어 버렸다.[33]

호북성 당양시의 서쪽 편에 그 유명한 전쟁터 장판파가 있고, 이 곳의 서쪽 약 3km지점에 규모가 상당히 큰 관릉이 있다. 바로 이 곳이 관우의 몸뚱이가 묻힌 곳이다. 그리고 중국 하남성 낙양시의 남쪽에는 관우의 머리가 묻힌 무덤 관림이 있다. 옛날 중국에서는 제왕의 무

33) 李中杰 主編, 《名城南陽》(北京, 經濟日報出版社, 1991) 참조.

덤을 릉(陵)이라 하고 왕후의 무덤은 총(冢), 일반 백성의 무덤은 분(墳), 성인의 무덤을 림(林)이라고 불렀다.[34] 그래서 이 곳의 관우 무덤을 관림이라 부르는 것이다.

(4) 도원결의 장소

같은 지역이라 하더라도 서로가 정통이라고 주장하는 곳이 있다. 바로 소설《삼국연의》에서 삼국지문화 속으로 삽입된 도원결의 장소를 두고 하남성 탁주시내에 있는 두 장소가 서로 도원결의의 장소라고 주장하고 있는 것이다.[35] 탁주시의 '삼의궁(三義宮)'과 '충의점(忠義店)'이 바로 그 곳이다.

유비 관우 장비의 도원결의 이야기는 소설《삼국연의》의 영향으로 인해 중국의 민간에서는 의심할 여지가 없는 사실로 간주되어 왔다. 소설《삼국연의》 1회를 보면 장비의 집 뒤쪽의 도원에서 결의를 한 것으로 되어있다. 유비와 장비의 고향은 중국의 하북성 탁주시(涿州市)이다. 이 탁주시 루상묘촌(樓桑廟村)에 가면 수(隋)대때 건립되었다고 하는 '삼의궁(三義宮)'이라는 곳이 있는데, 널찍한 도원은 물론이고 도원결의 기념비까지 세워놓고서 이 곳이 바로 도원결의의 장소라고 주장하고 있다.

그러나 같은 지역인 탁주시 서남쪽에 있는 장비의 고향마을 충의점촌(忠義店村)에는 장비의 집을 복원하여 뜰에 삼형제가 결의하는 조각

---

34) 蔡遠雄 等, 앞의 책, 48-49쪽 참조,

35)《三國勝迹遍神州》, 앞의 책, 127쪽.

상까지 마련해 놓고는 도원결의의 장소가 이 곳이라고 주장하고 있기도 하다. 왜냐하면 소설《삼국연의》에 분명히 장비의 집 뒤쪽 도원이라고 되어있기 때문에 사실 여부에 관계없이 당연히 장비의 고향집이 도원결의의 장소라는 것이다.

이 또한 중국인들의 고장 마을 문화에 대한 자부심에 바탕 하는 것으로 서로가 이야기의 허구성여부와는 관계없이 그 이야기가 중국 민간인들의 삼국지문화 속에 존재하는 한 그 장소는 각기 자기마을이어야 한다는 것이다.

제3장
진수(陳壽)의 《三國志》

1. 진수 (233~297)

진수는 서진(西晉)시대의 사학자이자 산문가이다. 자는 승조(承祚)이며, 촉한(蜀漢) 파서군(巴西郡) 안한현[1]에서 출생하였다. 촉한 후주(後主) 건흥(建興) 11년(233)에 태어나, 서진 혜제(惠帝) 원강(元康) 7년(297) 65세로 죽을 때까지, 촉한과 서진에서 관직생활을 하였지만 탄탄대로를 걷지는 못했다. 부친의 이름은 알려져 있지 않고, 촉나라 마속(馬謖)의 참군을 지내다가 마속이 참수 당하자, 제갈량에게 삭발을 당하는 곤형에 처해졌다는 기록이 있다. 제갈량의 아들인 제갈첨(諸葛瞻)이 진수를 무시했기 때문에 훗날 《제갈량집(諸葛亮集)》 24편을 저술할 때 제갈량·제갈첨 부자를 낮게 평가했다는 의견도 있다.

촉한에 있을 때, 그는 성도(成都)의 태학에서 공부하였다. 촉의 전통문화를 계승한 대표적 사학자였던 초주(譙周)의 문하에서 《상서(尙書)》《춘추삼전(春秋三傳)》을 주로 연구하였다. 《사기(史記)》《한서(漢書)》에 정통했으며, 문립(文立), 이우(李虞), 나헌(羅憲) 등과 함께 초주 문하 4제자로 불렸다. 촉한 말년, 환관 황호(黃皓)에 의해 조정이 좌지우지되

1) 안한현(安漢縣): 오늘날 사천성(四川省)의 남충시(南充市)를 말한다.

자 많은 관료들이 황호에게 아첨했지만, 진수는 아첨의 대열에 끼지 않았다. 결국 권력자의 미움을 사서 한직으로 밀려나게 된다. 또 세속적인 굴레에 속박되길 거부했던 성격 때문에 두 차례나 파직되는 좌절을 맛보기도 했다. 부친상 중에 병이 났던 그는 하인을 시켜 약을 지어오도록 했는데, 마침 문상 온 손님이 그것을 보게 된다. 당시 강력했던 봉건적 유교 예법에서는 용납되지 않는 일이었기에 이 때문에 10년 가까이 관직에 나가지 못했던 것이다. 후에 모친상을 당했을 때, 그는 모친의 유언을 받들어 모친과 부친을 합장하지 않고 낙양에서 그대로 장사지냈는데, 이 또한 당시 예교에 어긋난 행위여서 또 한 번 곤욕을 치르게 된다. 이후 수년이 지나 다시 기용되지만 이미 병약하여 취임 전에 낙양에서 병사했다.

그가 31세 때 촉한은 조조의 위나라에 멸망당했고, 2년 뒤 다시 선위의 형식으로 서진으로 넘어가 버린다. 280년에 서진이 손권의 오나라를 멸망시키며 동한 말기부터 한 세기 정도 지속되었던 위 촉 오의 삼국시대는 정리되어 지고, 짧은 시간이지만 중국은 통일의 안정기를 맞이하게 된다.

당시 48세였던 진수는 사료를 수집하여 삼국의 역사를 썼고, 총 65편을 저술하여《삼국지》라고 명명했다. 그는 촉한 출신으로 서진 조정에서 관료가 되었지만 외부인사라는 틀에서 벗어날 수 없었기에 정치적 배척과 좌절을 피할 수 없었다. 이러한 상황 때문에 그는 심혈을 기울여 자신의 모든 재능과 학식을 저술에 전념하였고 마침내《삼국지》를 완성했던 것이다.

《삼국지》가 완성되자 그의 역사적 기록과 서술 역량에 대한 칭송이 대단하였다. 장화(張華)는 그를 사마천(司馬遷)과 반고(班固)에 비견하였다. 또한 당시 하후담(夏侯湛)은 마침 《위서(魏書)》를 쓰고 있었는데, 《삼국지》를 본 후에 자신의 부족한 역량을 깨닫고 회의를 느껴 원고를 찢어 버리고 저술 작업을 중단했다고 한다.

이러한 긍정적 평가에도 불구하고 《삼국지》는 진수가 개인적으로 편찬한 역사서였기 때문에 당시 조정의 주목을 받지 못했다. 그가 죽은 후에야 조정에서 사람을 파견하여 초록하였던 것이다.

진수는 일생동안 《고국지(古國志)》50편, 《석휘(釋諱)》, 《광국론(廣國論)》, 《진박사(晉駁事)》 4권, 《진탄사(晉彈事)》 9권, 《익부시구전(益部耆舊傳)》 10편, 《익부시구전잡기(益部耆舊傳雜記)》 2권, 《관사론(官司論)》 7편, 《제갈씨집(諸葛氏集)》 24편, 《한명신주사(漢名臣奏事)》 30권, 《위명신주사(魏名臣奏事)》 40권 등 12종 총 250여 권에 달하는 저서를 남겼다. 하지만 현재까지 실존하여 전해지는 저서는 없고, 《삼국지》 65편만이 전해져 큰 영향을 끼치고 있다.

2. 《삼국지》

1) 배송지(裴松之)의 《삼국지주(三國志注)》

《삼국지》에 대한 기존 연구 성과에서 주목할 저서는 남조(南朝)시기 송(宋)의 사학자 배송지(裴松之)[2]의 주석본 《삼국지주(三國志注)》이다.

---

2) 372~451, 자(字)가 세기(世期)이며, 하동(河東) 사람이다. 그는 428년 송(宋) 문제

이 주석본은 시기적으로 가장 빠르고 학술적 가치도 대단히 높다.

배송지의 주석본의 서술 방향은 다음과 같다. 첫째, 여러 학자의 관점을 인용하여 진수《삼국지》의 시비를 가렸다. 둘째, 여러 학자의 기록을 참고하여 수정하였다. 셋째, 관련 자료를 조사하여 사건의 전말을 명확히 밝혔다. 넷째, 기록되지 않은 것을 보충하였다. 다섯째, 열전이 있는 인물은 그 생애와 업적 등을 찾아 밝혀 놓았다. 마지막으로, 열전 중에 부재하는 인물을 보충하여 같은 부류에 속하는 인물의 열전에 편입하였다. 배송지가 주석한 자료는 매우 다양하고 풍부하며 수미가 일관되어 여타 주석문과 달리 편향되지 않았다. 그러나 많은 주석을 보충하려다 보니 진수의《삼국지》내용보다 분량이 너무 많고 체계가 통일되지 못한 아쉬움이 있다.

2)《삼국지》의 연구서와 역서

수나라와 당나라 때에는《삼국지》연구가 많지 않았던 것 같다. 송나라 때에도 남송 시기 섭적(葉適)[3]의《삼국지》에 관한《독서찰기(讀書札記)》2권만 있을 뿐이다. 하지만 청대에 이르면 거의 모든 방면에서《삼국지》가 본격적으로 연구되어 진다. 최근 1990년대 이후 중국 대륙에서는 다양한 종류의《삼국지》금역본(今譯本)이 출간되었다.

우리나라에는 1994년 신원문화사에서 출판한 김원중 번역의 초역

(文帝)의 명을 받아 1년여 동안《삼국지주》를 완성하여 바쳤다.

3) 1150~1223,《수심집(水心集)》29권과《학습기언(學習記言)》50권의 저서가 있다.

본이 있었다가 1997년 절판되었다. 이후 2007년 민음사에서 《정사 삼국지》라는 제목으로 총 4권의 재역본이 나왔다. 그동안 한국고대사를 살펴볼 수 있는 《위서(魏書)》 제30권 《오환선비동이전(烏丸鮮卑東夷傳)》만 번역 되어 오다 드디어 진수 《삼국지》 전체가 완역되었다. 그러나 일본 판본을 번역하고 배송지의 주석을 거의 반영하지 않은 점이 등이 아쉬움으로 남는다.

3) 《삼국지》의 사료

진수 《삼국지》의 사료로는 첫째, 당대 학자들이 편집한 기존의 사서가 있다. 둘째, 위(魏) · 오(吳)의 사관에 의해 기록된 공문서와 문헌이 있다. 셋째, 진수 자신이 직접 수집한 자료가 있다.

《삼국지》의 《위서(魏書)》와 《오서(吳書)》 서술의 기본적 사료는 조정에서 편찬한 왕침(王沈)의 《위서》[4]와 위요(韋曜) · 주소(周昭) · 설영(薛瑩) · 양광(梁廣) · 화핵(華覈) 등이 공동으로 저술한 《오서》[5]를 등이 있다. 개인 편찬으로는 어환(魚豢)의 《위략(魏略)》[6]을 들 수 있다.

위나라와 오나라는 사관에 의해 편찬된 사서가 있어 참고 자료로 사용되었던 것이다. 하지만 촉한은 사관을 두지 않았기 때문에 당대

4) 관찬에 의해 이루어진 최초의 조위(曹魏)에 관한 전사(專史)이나, 실전된 권수가 많아 44권~48권만이 있다.

5) 오나라 사관들이 써 내려온 역사를 위요가 최종적으로 55권으로 완성한 것이다. 편폭에서 왕침의 《위서》와 어환의 《위략》을 능가한다.

6) 왕침의 《위서》와 대략 같은 시기의 최초의 조위에 관한 사찬으로 위 명제까지 기록하였다.

사람이 쓴 전문적인 역사서가 없어서 진수가 참고할 만한 자료가 없었다. 하지만 진수는 촉한에서 관리를 지낸 경력을 지녔기에 중대한 사건을 직접 경험할 수 있었고, 이미《제갈량집》을 편집한 경험도 있었기에 중요한 맥락을 잡아 기술을 할 수 있었다. 또한 그는 사관에 준하는 직책인 동관비서랑(東觀秘書郞)을 역임하며 조정에서 보관하고 있는 대량의 서적과 공문서 등을 가까이 할 수 있었기에 이러한 저술이 가능 할 수 있었던 것이다.《삼국지》의 3서 가운데《촉서(蜀書)》15권은 오로지 진수의 개인적인 상황과 노력에 힘입어 완성되어진 것이다.

4)《삼국지》의 구성과 체재

《삼국지》는《위서》30권,《촉서》15권,《오서》20권을 포함한 총 65편과《서록(序錄)》1권으로 구성되어지나 아쉽게도《서록》은 전하지 않는다.《서록》이 전해지지 않아서 완성 시기를 정확히 단정할 수 없지만 대략 진(晉) 무제(武帝) 태강연간(太康年間: 280~289)에 이루어진 것으로 추정된다. 총 36만여 자로 쓰였고, 기(紀)와 전(傳), 그리고 부전(附傳)까지 약 4,065명의 인물이 포함되어 있다.

위·촉·오 삼서를 합치면 동한과 서진을 잇는 삼국시대 전체 역사를 기록한 기전체(紀傳體)[7] 단대사(斷代史)가 되지만, 분리하면 삼국의 국가별 실록이 된다.

---

7) 본기(本紀)·열전(列傳)·지(志)·연표(年表) 등으로 구성되고, 인물을 중심으로 기(紀)와 전(傳)이 주체가 되는 역사 서술 체재이다. 이는 사마천의 사기에서 비롯되었다.

《삼국지》의 정통성 문제는 줄곧 비판[8]의 대상이 되어왔다. 진수는 위나라를 계승한 서진의 관료이었기에 위 왕조와 통치자를 옹호하는 다소 편파적 입장을 지녔다고 할 수 있겠다. 조조의 위나라의 계보를 따라 맥락을 잡았기에 《위서》의 분량이 가장 많다. 또 《위서》에만 제왕의 사적을 기록하는 기(紀)를 두고 있으며, 《촉서》·《오서》에는 전(傳)만을 두고 기(紀)를 두지 않았다.

하지만 위·촉·오 삼국의 정권을 대등한 위치에 두고 각각을 독립국가로 인정하여 역사를 기록하는 입장을 취했다. 삼국은 모두 한(漢)을 돕는 명분을 가지고 천하 통일을 목표로 하겼으나 어느 누구도 대업을 이루지 못하고 서진에 흡수되었다고 진수는 본 것이다. 또한 《삼국지》에는 표(表)와 지(志)가 없는 점이 아쉬운 결점이라 하겠다.

《삼국지》의 문장은 화려하지 않고 간결하면서도 함축된 뜻이 있으며 정련된 문장 속에 생동감이 넘치고 있다. 진수는 사료의 선택에 신중을 기하고 역사에 충실하며 문장의 서술에 간결함을 중시했는데, 이러한 문장의 간결성은 《삼국지》 언어의 가장 큰 특징이다.

5) 《삼국지》의 편집체계

기전체 역사서 《삼국지》는 중국의 많은 정사(正史)와 마찬가지로, 인물을 중심으로 한 기(紀)와 전(傳)이 전체를 이루고 있다. 하지만 편집체계나 방법 면에서 《삼국지》만의 특징을 지니고 있다.

---

8) 습착치(習鑿齒)는 《한진춘추(漢晉春秋)》에서 촉한을 정통으로 삼았는데, 남송 주희(朱熹) 이래의 사람들은 대체로 그의 관점에 동의하며 진수를 비난했다.

첫째, 《삼국지》는 동한 말기 동탁의 정란(189년)에서 시작하여 약 90년의 역사를 기록하고 있다. 사실 위 촉 오 삼국의 역사를 기록한 역사서라면 당연히 위나라가 수립된 220년부터 오나라가 멸망된 280년까지의 60년 역사가 서술 대상이 되어야 한다. 하지만 황건적의 난으로 인해 국력이 쇠약해진 동한 왕조는 특히 189년 동탁의 정란으로 인해 거의 유명무실한 상태가 되어버렸다. 이 시기에 조조·유비·손권 집단은 중원(中原)과 서남(西南) 및 강남(江南) 일대에서 이미 각각 독립정권을 세우고 천하를 삼분하는 국면을 형성하고 있었다. 또한 삼국정립의 국면을 조성한 중요 사건들이 모두 동한 말기에 발생했다. 따라서 진수는 역사 기술의 시점을 약 30년 앞당겨 서술함으로써 삼국시대가 종료될 때까지의 시대상황을 총체적이고 체계적으로 이해할 수 있도록 제시했던 것이다.

둘째, 진수는 《삼국지》를 기전체 단대사로 간주하되, 삼국이 독립적으로 존재한 상황에 근거하여 분리와 결합이 가능한 독립된 역사서로 만들었다. 이는 중국의 사서 체계상 전례가 없는 독특한 방법이다. 그는 사마천의 《사기》와 반고의 《한서》 전통을 계승하고 장점을 취하여 기전체 단대사이면서도 삼국 각국의 실록이 되는 새로운 역사서 형식을 창조했던 것이다.

셋째. 진수는 '위정통론(魏正統論)' 역사관을 가지고 《삼국지》를 기술하였다. 그는 서진 무제(武帝) 사마염(司馬炎)의 신하로서 당연히 서진의 입장에서 위나라를 정통으로 삼아 역사를 서술했던 것이다. 동시에 진수는 위나라를 정통으로 내세우기는 했지만 위 촉 오 삼국정권의 독립성을 인정하며 삼국을 대등한 위치에 있다고 보았다.

넷째, 진수는 《삼국지》에서 편찬에 있어서 위나라 군주에 대해 기(紀)를 썼고 촉나라와 오나라의 군주에 대해 전(傳)을 썼다. 위나라의 계보를 전체 역사서의 중심으로 잡았기에 단순한 삼국의 독립서가 아닌 '일왕(一王)'의 관념 속에 종합성을 지닌 사서를 만든 것이다. 기(紀)와 전(傳) 두 형식만이 있어 각각을 제왕과 군신으로 기술해야 하는 상황에서 그는 촉과 오의 군주를 서술함에 있어서 위와의 주종관계로 보이는 것을 피하고자 하였다. 그래서 《사기》처럼 제후의 사적을 기록한 세가(世家)를 두지 않고 그냥 전(傳)을 썼던 것이다.

다섯째, 진수는 중복을 피하면서 전체 서사 내용이 수미상관하고 일맥상통하는 보다 완벽한 편집 체제를 만들어 냈다. 《위서》에 수록한 것은 《촉서》에 다시 싣지 않았고, 《촉서》에서 기술하면 《오서》에는 다시 기록하지 않으며, 열전에서 상세하게 다룬 내용은 본기에서 간략하게 기술하였다. 이런 방법으로 복잡함을 피하면서 전체가 중복되지 않고 서술이 일관되게 하였다.

6) 《삼국지》 서술 특징의 한계

첫째, 문장의 간결성이다. 《삼국지》는 매우 간결하다. 부전(附傳)을 제외하고 기(紀)와 전(傳)에 등장한 인물은 《사기》의 두 배, 《한서》의 인물보다도 더 많은 320여 명에 이른다. 하지만 분량은 《사기》의 절반, 《한서》의 30% 정도밖에 되지 않는다. 이러한 간결성한 서술은 장점으로 볼 수도 있지만 지나치게 소략하다는 단점으로 지적받기도 한다. 이러한 점을 보완하고자 배송지는 《삼국지주》에서 대량의 주석을 보충하여 《삼국지》 본문의 60배가 넘는 분량을 기록하게 된다.

둘째, 분산적 서술성이다. 《삼국지》는 역사적으로 중대한 사건을 처리함에 있어서 어느 한 부분에 집중하지 않고, 여러 부분으로 나누어 연관성 있는 인물의 전기 속에 분산시켜 기술하고 있다. 이러한 점은 역사를 기술하는 하나의 특징이긴 하지만 지나친 분산으로 전체적 서술이 되지못하고 사건의 전말이 단절되어 버리는 문제점이 있다. 예를 들어, 《삼국지》에서 영향력이 큰 '관도전투(官渡戰鬪)'와 '적벽대전(赤壁大戰)'의 경우에 이 사건에 대한 기술이 집약되어 서술되지 못하고 관련성 있는 여러 인물의 전(傳)속에 흩어져 묘사되고 있다는 것이다.

《삼국지》의 이러한 간결성과 분산성은 중복을 피하기 위한 효율적인 편집체계를 추구한 결과이긴 하지만 이런 서술 특징의 한계로 인해 문장력이 부족한 역사서라 비평을 듣기도 한다.

7) 《삼국지》의 주제

진수의 《삼국지》에는 기(紀)와 전(傳)은 있고 표(表)와 지(志)가 없다. 이는 제도와 문물보다 인물에 중점을 두고 역사를 기록했기 때문이다. 천하를 삼분하는 과정에서 나타난 주요 인물들의 뛰어난 계획과 열정적 노력과 추진이 주된 요인임을 중요시했던 것이다. 난세에 영웅이 나온다는 말처럼 삼국시대는 여러 영웅을 배출한 시대였다. 여러 인재들의 세상을 이끌어가고자 하는 깊은 고뇌와 노력 그리고 구체적 전략이 한 시대를 주도해 나갔던 것이다.

진수는 이러한 시대적 특징에 초점을 두고 영웅들의 열정과 노력에 대한 가치부여를 우선으로 하여, 동탁의 정란 이후 30년의 동란시기를《삼국지》역사 기술의 핵심 요소로 삼아 역사를 서술하였다. 실제《삼국지》에 출현하는 인물 대부분은 239년 이전에 사망했으며 역사적 사건 및 인물들의 활약상도 대부분 조위(曹魏)가 건립된 220년 이전에 주로 집중되어 기술 되어 있다. 결론적으로 진수는 이 시기의 주요 사건과 영웅들의 활약을 중심으로 하여, 통시적 방법으로 동한 말기에서부터 서진 초까지의 전반적인 시대 상황과 전체 사회의 면모를 간결하게《삼국지》에 기록하고 한 것이었다.

3.《삼국지》의 총목록

卷一 위서(魏書)1 무제기(武帝紀)
卷二 위서(魏書)2 문제기(文帝紀)
卷三 위서(魏書)3 명제기(明帝紀)
卷四 위서(魏書)4 삼소제기(三少帝紀)
卷五 위서 (魏書)5 후비전(後妃傳)
卷六 위서(魏書)6 동탁전(董卓傳) 등
卷七 위서(魏書)7 여포전(呂布傳) 등
卷八 위서(魏書)8 공손찬전(公孫瓚傳) 등
卷九 위서(魏書)9 하후돈전(夏侯惇傳) 등
卷十 위서(魏書)10 순욱전(荀彧傳等) 등
卷十一 위서(魏書)11 원환전(袁渙傳) 등

卷十二 위서(魏書)12 최염전(崔琰傳) 등

卷十三 위서(魏書)13 종요전(鍾繇傳) 등

卷十四 위서(魏書)14 정욱전(程昱傳) 등

卷十五 위서(魏書)15 유복전(劉馥傳) 등

卷十六 위서(魏書)16 임준전(任峻傳) 등

卷十七 위서(魏書)17 장료전(張遼傳) 등

卷十八 위서(魏書)18 이전전(李典傳) 등

卷十九 위서(魏書)19 임성위왕창전(任城威王彰傳) 등

卷二十 위서(魏書)20 무문세왕공전(武文世王公傳)

卷二十一 위서(魏書)21 왕찬전(王粲傳) 등

卷二十二 위서(魏書)22 환계전(桓階傳) 등

卷二十三 위서(魏書)23 화흡전(和洽傳) 등

卷二十四 위서(魏書)24 한기전(韓暨傳) 등

卷二十五 위서(魏書)25 신비전(辛毗傳) 등

卷二十六 위서(魏書)26 만총전(滿寵傳) 등

卷二十七 위서(魏書)27 서막전(徐邈傳) 등

卷二十八 위서(魏書)28 왕릉전(王淩傳) 등

卷二十九 위서(魏書)29 방기전(方技傳)

卷三十 위서(魏書)30 오환전(烏丸傳) 등

卷三十一 촉서(蜀書)1 이목전(二牧傳)

卷三十二 촉서(蜀書)2 선주전(先主傳)

卷三十三 촉서(蜀書)3 후주전(後主傳)

卷三十四 촉서(蜀書)4 이주비자전(二主妃子傳)

卷三十五 촉서(蜀書)5 제갈량전(諸葛亮傳)
卷三十六 촉서(蜀書)6 관우전(關羽傳) 등
卷三十七 촉서(蜀書)7 방통전(龐統傳) 등
卷三十八 촉서(蜀書)8 허정전(許靖傳) 등
卷三十九 촉서(蜀書)9 동화전(董和傳) 등
卷四十 촉서(蜀書)10 유봉전(劉封傳) 등
卷四十一 촉서(蜀書)11 곽준전(霍峻傳) 등
卷四十二 촉서(蜀書)12 두미전(杜微傳) 등
卷四十三 촉서(蜀書)13 황권전(黃權傳) 등
卷四十四 촉서(蜀書)14 장완전(蔣琬傳) 등
卷四十五 촉서(蜀書)15 등지전(鄧芝傳) 등
卷四十六 오서(吳書)1 손견전(孫堅傳) 등
卷四十七 오서(吳書)2 손권전(孫權傳) 등
卷四十八 오서(吳書)3 삼사주전(三嗣傳)
卷四十九 오서(吳書)4 유요전(劉繇傳) 등
卷五十 오서(吳書)5 비빈전(妃嬪傳)
卷五十一 오서(吳書)6 종실전(宗室傳)
卷五十二 오서(吳書)7 장소전(張昭傳) 등
卷五十三 오서(吳書)8 장굉전(張紘傳) 등
卷五十四 오서(吳書)9 주유전(周瑜傳) 등
卷五十五 오서(吳書)10 정보전(程普傳) 등
卷五十六 오서(吳書)11 주치전(朱治傳) 등
卷五十七 오서(吳書)12 우번전(虞翻傳) 등
卷五十八 오서(吳書)13 육손전(陸遜傳)

卷五十九　오서(吳書)14　오주오자전(吳主五子傳)

卷六十　　오서(吳書)15　하제전(賀齊傳) 등

卷六十一　오서(吳書)16　반준전(潘濬傳) 등

卷六十二　오서(吳書)17　시의전(是儀傳) 등

卷六十三　오서(吳書)18　오범전(吳範傳) 등

卷六十四　오서(吳書)19　제갈각전(諸葛恪傳) 등

卷六十五　오서(吳書)20　왕번전(王蕃傳) 등

서록(序錄) 전하지 않음

제4장 소설 삼국지의 소설화 과정

1. 나관중(羅貫中)과 《삼국지통속연의(三國志通俗演義)》[1]

《삼국지통속연의》는 오랜 세월에 걸쳐 서서히 형성된 것이지, 어떤 특정한 개인에 의해서 창작된 것이 아니다. 먼저 삼국 시대 역사인물 이야기가 위진시기 군영을 중심으로 그들의 무용담이 회자되었을 것으로 짐작된다. 기록을 찾아보아도 《한진춘추(漢晉春秋)》와 《삼국지》 배송지의 주(注)와 같은 당시의 역사서는 물론이고 《수신기(搜神記)》 등의 지괴소설을 통해서도 삼국이야기가 전해지고 있었음을 알 수 있다. 이후 당송을 거치면서 민간에 광범위하게 다양한 형태로 회자되던 삼국시대 사건과 인물 이야기는 결국 나관중에 이르러 소설로서 그 틀이 완성되어진다.

그러면 나관중은 어떤 인물이며, 소설 《삼국연의》의 형성에 어떠한 역할을 했을까하는 점이 의문이다. 나관중이 어떤 사람인지 알 수 있는 자료는 거의 없어 그가 소설 《삼국연의》를 실제로 창작했는지는 정확히 알 수 없다. 나관중에 대한 정보를 제공하고 있는 자료는 원

---

1) 《三國志通俗演義》를 중국에서는 《三國演義》라고 부르고, 우리나라에서는 소설 《삼국지》라고 한다.

말명초 연극 작가들의 생애를 기술한 《녹귀부속편(錄鬼簿續編)》 중의 다음 기록이 유일하다.

> 나관중은 태원(太原, 지금의 산서성 태원시) 사람인데, 호해산인(湖海散人)이라고 불렀다. 그는 다른 사람들과는 그리 어울리지 않았다. 그의 악부(樂府, 원나라 때의 연극인 잡극을 말함)와 은어는 대단히 청신하다. 나와는 나이차를 따지지 않고 사귀었지만, 당시 이러저러한 연유로 서로 멀리 떨어져 있어 만나지 못했다. 지정(至正) 갑진년(甲辰年에) 다시 만났으나, 그 후 60년이 지났고 그가 어디서 생을 마쳤는지 모른다.

여기서 주목해야 할 점은 소설 《삼국연의》에 대해서는 한마디도 없고 나관중이란 사람이 극작가 인 것으로 기록되어 있다. 이 때문에 나관중은 소설가 한 사람이 아니라 소설가와 극작가 두 사람일지도 모른다는 생각을 하게 된다. 하지만 당시 글재주 있는 문사들이 극작품을 지으면서 소설을 편찬하기도 한 사실이나, 호해산인이란 별명을 가지고 있었던 점은 소설 《삼국연의》를 편찬한 사람이 각지를 떠돌며 글쟁이 노릇을 한 그 시대 문인들의 성격과도 맞아떨어지는 것이기에 여기에 극작가로 적혀있는 나관중이 삼국지를 편찬한 사람일 것이라는 추측이 설득력을 지닌다고 하겠다.

소설 《삼국연의》와 나관중의 관계에 대해 직접 밝힌 자료는 소설 《삼국연의》의 가장 중요한 판본 가운데 하나인 이른 바 가정본(嘉靖本: 명나라 1522년의 판본) 《삼국지통속연의》이다. 이 책 표지에는 작가 이름을 적는 곳에 '진평양후진수사전, 후학나관중편차(晉平陽侯陳壽史傳, 後學羅貫中編次)'라고 쓰여 있다. 이 말을 풀이하면, 옛날 진나라 때

평양후라는 관직을 지낸 진수의 역사책을 후대 문인인 나관중이 편찬했다는 뜻이 된다[2]. 여기서 나관중 지음이라 않고 편차(編次)라는 말은 쓴 것에 주목해야 할 것 같다. 이에 대한 답은 가정본 서문을 쓴 장대기(蔣大器)의 다음과 같은 언급에서 찾을 수 있다.

> 《춘추(春秋)》를 비롯한 역사서의 문장은 너무 난해하고, 거기에 담겨있는 의미도 일반인으로서는 너무 알기 어렵다. 그로 인해 이들 역사책은 점차 사람들이 찾지 않게 되고, 거기에 기록된 역사적 사실조차 시대가 흐르면서 잊혀지고 말았다.
>
> 지난 원나라 시대에는 민간에 전해지는 역사 이야기를 바탕으로 평화(平話)를 만들어 장님 이야기꾼에게 구연하게 했지만, 그들의 이야기는 오류가 많고 너무나 저속하여 교양 있는 사군자들이 대부분 싫어했다. 그래서 동원땅 출신의 나관중이 진수의 《삼국지》를 바탕으로 역사적 사실을 신중하게 취사선택하여 편찬하고 《삼국지통속연의》라 이름했다. 그 문장은 심오하지 않고, 말투는 그다지 속되지 않으며, 사실을 기록해서 역사 본연의 모습에 접근했다. 독자 모두가 쉽게 이해할 수 있도록 만든 것이다.

이 글을 보면 원말명초(元末明初) 때에 역사책 진수의 사서 《삼국지》와 민간 판의 삼국 이야기 두 종류가 시중에 유통되고 있었으나, 두 가지 모두가 당시의 독자와 청중들을 그다지 만족시키지 못하고 있었음을 알 수 있다. 사서 《삼국지》는 문장이 난해하고 재미가 없어 일반 사람들의 환영을 받지 못했고, 민간의 삼국 이야기는 역사적 사실

---

2) 《삼국지통속연의》외, 나관중이 지었다고 전해지는 소설로는 《수당양조지전(隋唐兩朝之傳)》·《잔당오대지전(殘唐五代之傳)》·《평요전(平妖傳)》 등이 있고, 희곡으로는 《풍운회(風雲會)》·《연환간(連環諫)》·《비호자(蜚虎子)》 등이 있다. 하지만 실제로 그가 지었는지는 알 수가 없다.

과 어긋나는 점이 많고 어투가 저속하여 사대부 식자(識者)층이 외면하였다는 것이다. 이 시기에 나관중이란 문인이 통속성을 중시하는 관점에서 일반 독자층이 이해하기 쉬운 문체로 흥미있는 장면 위주로 서술하고, 역사적 사실에서 크게 벗어나지 않는 범위에서 적당히 허구적 내용을 더하여 소설《삼국연의》라는 새로운 문학 작품을 만들어내게 된 것이다.

나관중의 소설《삼국연의》는 진수의《삼국지》를 바탕으로 지어졌다. 하지만 소설《삼국연의》는 진수의《삼국지》에 나오는 역사적 사실과는 다른 점이 많고, 정사(正史)에는 전혀 보이지 않는 허구적인 이야기도 많다. 이 때문에 청대의 역사학자인 장학성(章學誠)은 소설《삼국연의》에 대하여 "열에 일곱은 사실이요, 셋은 허구"라고 평가하였다. 이러한 지적은 소설《삼국연의》가 기본적으로 정사에 바탕 하여 만들었지만 역사책에서 필요한 역사적 사실만 일부 선택하여 자신의 의도한 이야기 줄거리에 걸맞도록 맞게 하고, 또 간략하게 기술된 부분에 대해서는 허구를 더해 확대하여 소설화하였음을 말하는 것이다.

2. 소설《삼국지》이전의 삼국 이야기

소설《삼국연의》는 역사적 사실을 허구화할 때 수많은 민간의 삼국설화(說話), 필기잡전(筆記雜傳) 속의 삼국 고사(故事),《삼국지평화(三國志平話)》와 원대(元代)의 삼국고사를 소재로 하여 만든 연극인 삼국희(三國戲) 등 여기저기 흩어져 있는 삼국 이야기를 적절하게 활용하였다. 소설《삼국연의》의 편찬에 참고한 것으로 보이는 명대 이전의 삼국지 이야기를 시대순으로 살펴보자.

1) 위진(魏晉)시대

진수의 역사서가 소설《삼국연의》에 역사적 사실이라는 전체적 틀을 제공했다면, 위진의 필기소설(筆記小說)은 삼국 인물들의 세세한 개인사에 관한 구체적이고 세세한 정보를 나관중에게 제공하여 주었다.

지괴(志怪)소설이라 부르는 간보(干寶)의《수신기(搜神記)》에는 삼국지의 주인공이라 할 수 있는 유비(劉備), 관우(關羽), 장비(張飛), 제갈량(諸葛亮)에 대한 이야기는 보이지 않지만 손견(孫堅), 손권(孫權), 화타(華佗) 등에 대한 사건이 기록되어 있다. 또 유의경(劉義慶: 403-444)의《세설신어(世說新語)》에는 정식 역사서에는 기록되어 있는 않는 이야기들이 기록되어 있는데, 조조와 원소 등의 청소년 시절 이야기는 모두 여기서 가져온 것이다. 이밖에 동진(東晉, 317-420)의 습착치(習鑿齒)가 지은《한진춘추(漢晉春秋)》에는 유비와 제갈공명에 얽힌 일화들이 많이 수록되어 있다. 사마중달(司馬仲達)이 제갈공명이 죽은 뒤에 나무 조각상에 속아 도망갔다는 유명한 이야기도 여기에 들어 있다.

소설《삼국연의》는 배송지의 주(注)가 있었기 때문에 성립하였다고 해도 과언이 아니다. 남조(南朝) 송(宋)의 황제가 진수의《삼국지》를 읽다가 문장 기술이 지나치게 간략한 것에 아쉬움을 느껴 배송지를 시켜 주를 만들게 하였다. 이 주는 다른 주석처럼 간단한 자구 해석에 그치지 않고 사건과 인물에 대해 매우 상세하게 기술하다 보니 진수

《삼국지》 본문의 양을 훨씬 뛰어넘는 방대한 분량이 되었다. 특히 배송지는 주를 달면서 140여종의 사서를 참고하여 진수《삼국지》의 간략함을 구체화하고 확대했으며, 이러한 풍부한 자료는 나관중의 창조적 상상력을 이끌어 내는데 큰 도움을 주었다.

2) 수 · 당대(隋 · 唐代)

삼국지 이야기를 논할 때 빼놓을 수 없는 것은 목우희(木偶戱)다. 목우희란 비단옷을 입히고 금은보석으로 장식한 나무 조각상을 꼭두각시처럼 움직여 공연하는 연극이다. 당대(唐代)서적인《대업습유기(大業拾遺記)》에 의하면, 수나라 시절, 낙양에서 그리 멀지 않은 신성땅에서 고관대작들 연회에 목우희가 공연되었다고 한다. 현재에는 당시 공연된 목우희의 극명(劇名) 72개가 전해지는데, 이 중에는《조만이 초수에서 목욕하다 교룡과 싸우다(曹瞞浴譙水擊蛟龍)》·《위문제가 군사를 일으켜 강물에 이르러 건너지 못하다(魏文帝興師,臨河不濟)》·《유비가 말을 타고 단계를 건너다(劉備乘馬渡檀溪)》 등 삼국 이야기를 소재로 한 것들이 있다. 이는 원대 연극에 보이는 삼국 이야기가 수나라 때 이미 공연되고 있었음을 말해 준다.

당시(唐詩) 가운데는《삼국지》를 소재로 한 작품이 많은데, 두보(杜甫)의《촉상(蜀相)》· 두목(杜牧)의《적벽(赤壁)》· 이상은(李商隱)의《교아(驕兒)》·《무제(無題)》 등이 있다. 이 중에 이상은의《교아》를 보면 "혹은 장비의 수염 같다고 놀리고, 혹은 등애가 말 더듬는 것 같다고 비웃는다"는 구절이 있다. 이 시구는 이상은의 개구쟁이 아들이 집에 온 손님을 장비와 등애에 비유하여 놀리는 장면을 묘사한 것이다. 이상은의 어린 아들조차 이런 말을 한 것은 아마도 그 당시 시중에서 인기를 끌었던 길거리 연극에 삼국 이야기가 상당히 들어 있었기 때문일 것이다.

한편 당나라 말기의 시인인 호증(胡曾)의 시(詩)를 보아도 《남양(南陽)》·《동작대(銅雀臺)》·《유수오(濡須塢)》·《단계(檀溪)》·《관도(官渡)》·《오장원(五丈原)》·《적벽(赤壁)》 등 삼국 이야기와 관련된 시가 많다. 이 시들은 소설 《삼국연의》 안에 원문 그대로 인용되거나, 글자 몇 자를 바꾸어 들어가 있다.

뿐만 아니라, 당대에는 삼국 이야기가 불전 주석에 들어갈 정도로 널리 알려져 있었던 것같다. 626년에 쓰여 지고, 630년에 교정하여 출간된 《사분율초비(四分律鈔批)》라는 불전에는 인간이 어떤 품격을 가져야 사람들의 존경을 받는가를 설법하는 내용이 있다. 이 대목의 소주(小注)에 "유비가 공명 등을 중용하듯이(似劉氏重公明等)"라는 글귀와 함께 죽은 제갈량이 산 중달을 달아나게 한다는 유명한 이야기를 덧붙여 놓기도 하였다.

당대(唐代) 문학과 소설 《삼국연의》와의 관계를 말할 때 빼놓을 수 없는 것은 바로 변문(變文)이다. 중국문학사상 역사 이야기를 말과 노래를 섞어 하는 강창(講唱)의 형식으로 이야기하고, 이러한 이야기의 텍스트가 오늘날까지 남아 있는 것은 변문뿐이다. 이러한 당나라 시대의 역사 변문은 원대 《삼국지평화》와 명청 장회소설 《삼국연의》를 탄생시킨 주요한 한 요인이었다.

3) 송대(宋代)

송대의 번화가를 당시에는 와자(瓦子) 또는 와사(瓦舍)라고 불렀고, 이곳에 설치된 공연장소나 극장을 구란(勾欄)이라 했다. 송대 도시 극장에서 곽사구(霍四究)라는 직업 이야기꾼이 삼국 이야기를 구연하여 대단한 인기를 끌었다는 기록이 있다. 당시 직업적 이야기꾼의 삼국 이야기 구연을 설삼분(說三分)이라 하였다.

송대의 수도였던 개봉(開封)의 번화한 모습을 기록한 《동경몽화록(東京夢華錄)》에 따르면, 당시 극장의 규모가 수천 명을 수용할 정도로 컸던 것을 보면, 진문 직업인에 의한 설화 공연은 사회의 다양한 계층에게 인기가 높았던 것 같다. 삼국 이야기로 돈을 벌었던 송대의 직업 이야기꾼에 대해서는 북송(北宋)의 저명한 문인인 소식(蘇軾)이 자신의 수필 《동파지림(東坡志林)》에 "골목의 어린아이들이 망나니짓을 해서 집에서 어떻게 할 도리가 없으면 돈을 줘서 모아 앉히고, 옛이야기를 듣게 한다. 어떤 아이는 삼국의 일을 말하는 데 이르러, 유비 현덕이 졌다는 이야기를 듣고는 이마를 찌푸리고 눈물을 흘린다. 조조가 졌다는 이야기에는 기뻐하며 쾌재를 불렀다."라고 적고 있다. 이러한 기록을 보면 당나라 때 불교 사원을 중심으로 행해졌던 통속적이고 서사적인 이야기공연이 송대에는 시민들을 대상으로 한층 대중화되었음을 알 수 있다.

송대에는 삼국지 이야기가 그림자극(shadow figures, 影戲)으로도 공연되었다. 그림자극은 양손가락을 사용해서 여러 등장인물을 만들거나, 두꺼운 종이 그림이나 인형을 움직일 수 있게 하여 그림자를 비춘 다음 이야기꾼이 스토리텔링하는 형태로 공연되었다. 그림자극은 원래부터 중국에서 시작된 것으로 보이는데, 처음에는 공연하려는 목적에서가 아니라 흩어진 '혼령'을 불러오는 주술적인 수단으로서 사용되었다. 송대에 이르러서 그림자극은 과거의 종교적인 모습을 완전히 벗어버리고 오늘날의 영화와 같은 대중적인 인기를 끌게 된다. 《사물기원(事物紀原)》이라는 책을 보면, "송 인종 때 삼국 이야기를 잘 구연하는 시정인이 있었다. 어떤 사람이 그 이야기에 잘 꾸며서 그림자 인형을 만들었는데, 처음으로 위·촉·오 삼분 전쟁의 상을 이루었다"라는 기록이 있다. 이는 송대에 삼국 이야기가 그림자극으로 공연된 사실의 근거가 된다. 이외에 장뢰(張耒,1054-1112)의 《명도잡지(明道雜志)》에도 삼국 이야기를 공연한 그림자극에 대한 이야기가 들어 있다.

4) 원대(元代)의 《삼국지평화(三國志平話)》와 삼국희(三國戲)

평화(平話)는 송대 도시 극장에서 이야기꾼이 공연하던 역사 이야기를 책으로 만든 것이다. 당시에 극장에서 들려주던 이야기 내용을 다시 책으로 만든 것은 이야기를 듣고 즐기는 청중 말고도 눈으로 직접 보고 읽고자 하는 독자가 있었기 때문일 것이다.

평화의 특징은 그림에 있다. 평화는 원래 그림 구연의 형태였기 때문에 이야기를 이끌어가는 본문의 문장보다는 각 페이지마다 그려 넣은 그림이 주가 되었다. 현재 일본의 내각문고에 소장되어 있는 《삼국지평화》를 보면, 그림은 비교적 정교하지만, 문장은 오자(誤字)가 많고 의미가 제대로 통하지 않는 등 조잡하고 재미가 없다. 이로 볼 때, 평화는 줄거리를 단순히 읽는 책이 아니라 삽화를 감상하기 위한 그림책에 가까웠던 듯하다. 그림책 평화를 전상평화(全相平話)라 하는데 여기서 '전상(全相)'이란 모든 이야기에 그림이 있는 책이란 뜻이다. 평화는 원나라 지치(至治)년간(1321-1323)에 복건성(福建省) 건양(建陽)의 출판업자 우(虞)씨가 간행한 5종의 시리즈[3]가 오늘날 남아 있다. 평화 시리즈는 판면 위 1/3은 그림이고, 아래 2/3는 본문인 이른바 상도하문(上圖下文) 형식으로 되어 있다. 마지막 다섯 번째 책이 바로 《신전상삼국지평화(新全相三國志平話)》이다. 《삼국지평화》 상·중·하 세 권으로 구성되어 있고 장회(章回)의 구분은 없다.

《삼국지평화》의 도입 부분은 소설 《삼국연의》와는 전혀 다른 이야기이다. 《삼국지평화》는 광무제(光武帝) 시대의 사람 사마중상(司馬仲相)이 저승의 왕이 되는 이야기로 시작된다. 한신(韓信)·팽월(彭越)·영포(英布)가 나타나 자신들 죽음의 억울함을 토로하자, 유방(劉邦)·여후(呂后)·괴철(蒯徹)을 불러 그 연유를 묻는다. 이에 옥황상제는 한신은 조조로, 팽월은 유비로, 영포는 손권으로 태어나 한(漢)의 천하를 삼분하여 가지도록 하고, 괴철을 제갈량으로 다시 태어나도록 명한다. 또한 조조로 태어난 한신을 헌제로 태어난 유방과 복황후로 환생한 여후를 죽여 원수를 갚을 수 있도록 판결한다. 옥황상제의 판결이 끝나면, 책은 후한(後漢) 말 영제가 즉위한 시점에서 시작되어 조조·유비·손권이 활약하여 천하를 삼분하는 과정을 그리다가 마지

3) 무왕벌주서(武王伐紂書), 악의도제칠국춘추후집(樂毅圖齊七國春秋後集), 진병육국평화(秦併六國平話), 전한서속집(前漢書續集), 삼국지평화(三國志平話)를 묶어 《원간전상평화오종(元刊全相平話五種)》이 있다.

막은 유연(劉淵)이 한(漢)을 재건하는 것으로 끝이 난다.

가정본(嘉靖本)《삼국지통속연의》 서문을 보면, 원나라 시대에 야사를 바탕으로 평화를 만들어 이야기꾼에게 구연하게 했지만, 이야기에 오류가 많고 어투가 저속하여 교양 있는 사대부들이 좋아하지 않았다는 내용이 보인다. 이로 미루어볼 때, 원대에 만들어졌던 《삼국지평화》는 내용이 정사 《삼국지》의 역사적 내용과는 다른 이야기로 되어 있고, 문장도 형편없어 독서 능력과 구매력이 있는 사대부 지식인 계층의 외면을 받았던 것 같다. 이처럼 《삼국지평화》가 당시 독서 시장의 요구를 충족시키지 못하자 내용을 대폭 수정하고, 교양 있는 식자층이 즐겨 썼던 평이한 문언(文言)으로 쓴 소설 《삼국연의》가 출현하게 되는 것이다.

한편, 원대에는 책의 형태 외에 삼국희(三國戲)도 대단한 인기를 누렸다. 이제까지의 조사에 따르면 삼국 이야기를 다룬 금나라 원본(院本)으로 《적벽오병(赤壁鏖兵)》·《척동탁(刺董卓)》·《양양회(襄陽會)》·《대유비(大劉備)》 등이 있었고, 원나라 잡극(雜劇)으로는 《관대왕단도회(關大王單刀會)》·《유현덕독부양양회(劉玄德獨赴襄陽會)》·《호뢰관삼전여포(虎牢關三戰呂布)》·《유관장도원삼결의(劉關張桃園三結義)》·《조조야주진창로(曹操夜走陳倉路)》 등 21개의 작품이 남아 있다. 현존하는 원 잡극의 총수는 170여 편 정도인데, 이 중 삼국희는 제목만 남아있거나 내용의 일부만 남아있는 작품까지 더하면 60개 작품 정도가 된다. 현존하는 원 잡극의 1/3이 삼국 관계 작품인 것을 보면 당시 삼국 이야기가 대중 관객들에게 얼마나 인기가 있었는지를 짐작할 수 있다.

결론적으로 소설《삼국연의》는 한 시대 한 사람에 의해 창작되어진 소설이 아니고 정사인 삼국지에 근거하여 오랜 시간동안 중국의 민간에 전해내려 오던 각종 이야기, 민간전설 등이 명청시대의 소설가들에 의해 수집 정리되고, 이에 허구를 더한 창작과정을 거쳐 소설책으로 편찬되어진 것이다.

제5장
《三國演義》와 민간전설

《삼국연의(三國演義)》는 사서(史書) 《삼국지》의 역사적 사실에 바탕하여 이를 확대하거나 아니면 여러 가지 요인에 의한 완전한 허구를 가미하여 완성된 역사소설이다. 이런 소설화 과정에서 《삼국연의》는 민간전설과 서로 밀접한 관련을 지니게 되었다. 민간전설의 민간 문학적 특성상 이야기 형성의 정확한 시점을 알 수 없어 민간전설이 먼저인지 소설의 내용이 먼저인지 알 수 없으나 소설 《삼국연의》는 민간전설과 깊은 관련성이 있음을 알 수 있다.

《삼국연의》와 관련된 민간전설은 《삼국연의》 소설의 내용과 유사한 부분도 있고 다른 부분도 있다. 또한 소설의 이야기와 전혀 관계없는 여타의 민간전설도 있다. 이런 전설들은 소설 《삼국연의》에 앞서 있었던 이야기이나 《삼국연의》의 소설화 과정에서 반영되지 않았거나, 아니면 《삼국연의》가 민간에 유행하면서 파생된 이야기이다.

《삼국연의》에 반영된 민간전설로는 '삼고초려(三顧草廬)'나 조운(趙雲)이 구해온 아두(阿斗)를 유비가 던졌다는 이야기 등이 있다. 《삼국연의》에 반영되지 않은 민간전설로는 관우의 출생에 관한 전설'이나 '수림산(綉林山) 망부대(望夫臺)', '손부인성(孫夫人城), '무한시(武漢市) 탁도천(卓刀泉)'과 관련된 전설 등이 있다.

이와 같이 여러 민간전설들은 민간에서 다양한 형태로 전해져 왔기 때문에 내용상에 다소간 차이가 있지만 이야기 전개의 중요한 한 대목으로 소설에 반영되었던 것이다.

1. 《삼국연의》에 반영된 민간전설

1) 삼고초려(三顧草廬)와 관련된 전설

《삼국연의》에서 유비는 제갈량을 자기 사람으로 초빙하기 위해 세 번씩이나 제갈량의 집을 방문하며 많은 시간과 노력을 기울인다. 유비의 이러한 정성에 감동받은 제갈량은 천하를 삼분할 계책을 일러주며 융중의 초려를 나와 유비의 오른팔 역할을 하는 것으로 서술되어져 있다. 하지만 민간전설에서는 유비와 제갈량의 만남이 소설과는 달리 '제갈량이 유비를 세 번 시험하였다(三試劉備)'는 전설과 '유비가 제갈량에게 세 번 찾아갔다(三請諸葛)'는 전설, 두 가지가 전해져 온다.

(1) '삼시유비(三試劉備)' 전설

'제갈량이 세 번 유비를 시험하였다'는 전설에는 그 내용이 다른 두 가지 이야기가 전해져 오고 있다. 하나는 소설의 이야기와 비슷한 내용이고, 다른 하나는 소설과 전혀 다른 이야기이다.

첫 번째 전설에서는 유비가 융중으로 찾아갈 때 농부들의 노랫소리를 듣는 것이라든지, 최주평(崔州平)·황승언(黃承彦)·석광원(石廣元)·맹공위(孟公威) 등을 만난 것, 제갈량의 집 문 앞에서 오래도록 기다린 것 등의 이야기 전개는 소설과 비슷하다. 그러나 전설에서는 소설과는 달리 이 모든 사건들을 제갈량이 직접 주도하고 있다. 먼저 농부들 속에서 함께 있으며 유비의 사람됨을 파악하는 전설을 살펴보자.

> 유비가 관우와 장비를 데리고 융중으로 가는 길에 언덕을 지나고 있을 때 마침 몇 명의 농부가 밭을 갈며 노래를 부르고 있었다. 유비는 이 노래가 예사롭지 않음을 느끼고서 이 가운데 제갈량이 있는 것이 아닌가 하고 농부에게 물었다. 마침 제갈량은 그들 속에 숨어서 유비가 아랫사람들에게 어떻게 대하는 지를 살펴보고 있었다. 제갈량은 아랫사람에게도 공손하고 정중한 유비의 모습을 보고서 호감을 가지게 되었다. 이 때 농부가 제갈량으로부터 눈짓을 받고서 이곳에 제갈량은 없다고 말하자 유비는 정중하게 고마움을 표시하고 그곳을 떠났다.

이어 유비가 최주평에게 수모를 당했음에도 오히려 의연함을 지켰다는 얘기를 듣고서 제갈량은 황승언·석광원·맹공위 등에게 청해 유비를 다시 시험해 보기도 하였고, 석광원·맹공위 등과의 술자리에 몰래 숨어 유비의 포부를 직접 듣기도 하였다. 전설을 살펴보자.

> 눈이 내리던 날 유비는 관우, 장비와 함께 많은 예물을 들고서 눈보라를 무릅쓰고 두 번째로 융중을 찾았다. 그들이 제갈량의 초려에서 그리 멀지 않은 한 술집을 지날 때, 어떤 사람이 안에서 시를 읊고 있는 소리를 들었다. 유비는 이 시를 읊는 사람이 제갈량일 것이라고 여기고 술집으로 들어갔으나, 그들은 제갈량의 친구인 석광원과 맹공위라고 하였다. 유비가 그들에게 자신이 융중에 온 목적을 설명하자 제갈량의 친구들은 유비를 비

웃으며 유비의 의지를 시험하였지만, 유비는 자신의 포부를 당당하게 드러내었다. 제갈량은 술집에 몸을 숨기고 유비의 말을 다 듣고는 기뻐하며 뒷문을 통해 집으로 돌아가 유비를 맞이할 준비를 하였다.

그러나 제갈량은 관우 장비의 무례한 태도가 마음에 걸려 유비의 두 번째 방문을 피한다. 결국 이듬해 봄 세 번째 방문 때, 유비가 동생들에게 예의를 강조하며 자신에게 극진한 공경의 태도를 보이자 감동하여 만남을 허락하게 된다.

또 다른 전설에서는 소설에서와는 전혀 다른 이야기가 전개된다. 여기서는 유비 삼형제가 다함께 제갈량을 찾아 가는 것이 아니라, 첫 번째는 삼형제중 장비가 먼저 부하들을 이끌고 가서 낚시질을 하고 있는 제갈량을 위협하여 데려오려 하다가 실패하여 돌아온다. 두 번째는 관우 또한 부하들을 이끌고 많은 재물들을 준비하여 낚시질하고 있는 제갈량을 유혹하여 데려오려 하였지만 역시 실패하고 돌아온다. 마지막으로 유비가 단지 두 아우들만 데리고 예로써 제갈량을 모시려하자 이에 감동하여 제갈량이 유비를 따라나서게 되었다는 내용으로 구성되어 있다.

(2) '삼청제갈(三請諸葛)' 전설

'유비가 제갈량에게 세 번 찾아갔다'는 전설에는 소설의 서술과는 전혀 다른 두 가지 이야기가 전해져 온다.

첫 번째는 장비의 기지로 제갈량을 모셔온다는 내용이다. 두 번씩이나 허탕을 친 유비 형제들이 다시 융중을 찾았을 때, 제갈량은 자는 척하고 있었다. 한참을 기다리다 지쳐 장비가 불을 지르겠다고 소리치고 윽박지르자 유비가 제지를 하였고, 이를 듣고 있던 제갈량이 그제야 일어나 유비를 맞이하였다. 하지만 그들이 방안에 들어가 국사를 논하자 시간이 길어져 자리를 뜰 줄 모르니 장비가 호랑이가 나타났다는 둥, 용이 나타났다는 둥 하며 제갈량을 속여 데리고 가려하였지만 속지 않았다. 결국 제갈량으로 하여금 문밖에 서 있으면 방안으로 들어가게 할 계책이 있다고 거짓으로 제갈량을 밖으로 유인한 다음 말에 앉히고 신야로 데려갔다는 이야기이다.

또 다른 전설은 유비형제가 제갈량을 찾아왔을 때 공교롭게도 제갈량이 모친상을 당하여 세상으로 나갈 수 없었다는 것이다. 그 시기에 유비가 제갈량을 찾아왔기에 번거로이 세 번씩이나 찾아오게 되었다는 것이다. 또한 제갈량은 유비를 따라 초려를 떠날 때 걸치고 있던 학 두루마기 상복을 삼년상이 끝날 때까지 입고 있었는데, 이 사실을 뒤늦게 안 유비는 제갈량의 효심을 극찬하였다고 한다.

2. 여타의 민간전설

1) 수림산(綉林山) 망부대(望夫臺) 전설

지금 중국 호북성 석수시(石首市) 수림산 망부대에는 유비의 부인인 손부인과 관련된 민간전설이 역사적 사실과는 전혀 다르게 전해져 오고 있다.

적벽대전 승리 이후 손권과 유비는 늘 조조의 보복성 공격이 두려웠다. 그래서 두 사람의 결속을 강화하기 위해 손권의 제안에 의해 유비와 손권의 여동생이 정략결혼을 한다. 유비 부부에게 달콤한 신혼의 시간을 보내라는 뜻에서 석수지역의 산언덕에 비단장막으로 아름답게 꾸민 임시거처를 마련해 주었다. 그 장소가 지금 석수시의 수림산이다.

달콤한 신혼의 시간을 보낸 손부인은 유비를 전쟁터로 떠나보낸 후 남편의 무사귀환을 위해 매일같이 이 산 정상에서 장강을 바라보며 기원을 하였다고 한다. 이 산의 서쪽 끝에 탁자처럼 생긴 바위덩이가 있었는데, 그 위에 팔(八)자 모양의 발자국이 패어 있었다고 한다. 이는 손 부인이 아침저녁으로 이 바위 위에 올라가 남편을 기다리다 보니 그 자리에 발자국이 패인 것이라 한다. 그래서 사람들이 이 돌을 망부석이라 부르게 되었다고 한다.

지금 호북성 석수시 수림산 공원에는 손부인이 남편 유비를 매일같이 애타게 기다리며 나날을 보냈다고 하는 망부대와 손부인의 조각상까지 있다.

사실상 손부인과 유비의 사이는 그리 좋지 않아 신혼시절을 제외하고는 별거하며 살았었는데, 언제부터인지는 알 수 없으나 민간에서는 이 두 사람의 이야기가 이토록 아름답게 꾸며져 전해오고 있다.

2) 손부인성(孫夫人城) 전설

중국 호북성 형주시 공안현에 그 유적이 일부 남아있는 손부인성에 관련된 전설로써 손부인과 관련된 이야기이다. 《삼국연의》에 등장하는 손권의 친누이동생이자 유비의 세 번째 부인이 되는 손상향(孫尚香)은 보통의 여인네들과는 다소 다른 특별한 여인으로 묘사되어 있다. 그녀는 매우 총명하고 문무에 능하였으며, 내심 유비의 안사람이 되기를 원하였고 결정적일 때 유비의 한 쪽 팔 역할을 담당하였다. 특히 유비가 동오를 탈출하여 형주로 돌아갈 때, 패기와 재치로써 용감하게 유비를 죽이러 온 동오의 장수를 네 명이나 물리친 대담한 여인으로 묘사되어 있다.

사실, 앞서 서술한 바와 같이 손부인은 정략결혼의 희생양이었고 유비와의 결혼 생활이 순탄하지 못하였다. 실제로 정치적 거래에 의해 혼인을 한 유비와 손부인은 서로 사랑을 쌓지 못하고 의심하며 별거하였다. 유비가 유강(油江) 어귀에 주둔하고 있을 때, 손부인은 그곳에서 5, 6리 떨어진 곳에 성을 짓고 살았었는데, 훗날 사람들이 그 자리를 일러 손부인성이라 했다.

그러나 중국의 민간인들에게는 손부인의 형상이 엄청난 열녀로 각인되어 전해 내려오고 있다. 이 공안지역의 민간전설에 의하면 더욱 그러하다. 유비의 전사소식을 듣자 손부인은 비통한 마음을 금치 못하고 강변으로 달려가 통곡을 하다 강에 몸을 던져 자결했다는 것이다. 당시에 사람들이 강에서 손부인의 시체를 인양하여 땅에 안장하고, 묘비를 세우고 그녀를 기리며 제사까지 지내주었다고 한다. 손부인은 의협심이 강한 용기 있는 열녀의 형상으로 중국 사람들에게 깊은 인상을 남겨 추앙받아 왔던 것이다.

이상에서 살펴본 유비의 아내 손부인과 관련된 전설은 민간에서 오래토록 내려오는 이야기라 하더라도 나관중에 의해 소설《삼국연의》

에 반영되지 않았던 듯하다. 왜냐하면 민간전설 속의 이야기처럼 유비가 손부인과 애틋한 신혼을 보냈다고 하는 낭만적 내용이나 역사서의 기록처럼 실제로 별거하며 순탄치 못하게 신혼 시절을 보냈다고 하는 사실은, 둘 다 유비의 군왕적 모습을 부각시키는 것과는 거리가 멀기 때문이다. 그래서 오늘날 삼국지문화 속에서 열녀의 모습으로 전해져오고 있는 손부인의 형상은 촉한중심의 《삼국연의》에서는 찾아볼 수가 없는 것이다.

3) 탁도천 전설

삼국시대 관우는 유비가 서천을 공격하러 떠난 후에 형주를 맡아 10년간 다스린 적이 있었다. 그 때 어느 날 관우가 형주를 떠나 강하(江夏) 지역을 직접 순시하였다. 본래 이 일대는 예로부터 호수와 강이 많아 물이 풍부한 지역이었다. 그러나 무창 남쪽 교외 지역을 지나는데 세상이 온통 말라 풀 한 포기조차 자라지 않고 있었다. 마침 한여름이라 덥고 하늘에는 구름 한 점 없어 병사와 군마가 땀에 흠뻑 젖어 있었다. 모두들 입안이 바짝 마르고 피로하여 힘이 없었다. 관우는 너무나 답답해 사람을 보내어 이곳의 늙은이를 불러와 그 연유를 물었다. 노인이 말하길, "원래 이 일대는 산이 푸르고 물이 풍부한 옥토였는데, 3년 전 흰 호랑이 한 마리가 나타나 이 곳 산을 차지하고 사람을 잡아먹는 등 온갖 나쁜 짓을 행하기 시작한 이후부터 이렇게 변했다"고 했다. 그날 밤, 밤이 깊어 병사들이 잠들자 관우는 신이 되어 그 산으로 가서 흰 호랑이와 맞닥뜨렸다. 호랑이가 관우를 향해 갑자기 달려들자 관우는 즉시 청룡언월도를 뽑아 호랑이를 향해 던졌다. 그러자 관우의 청룡언월도가 청룡으로 변하여 호랑이와 싸우기 시작했다. 그 둘이 어우러져 싸우기를 반나절이 지나자, 호랑이의 힘이 점차 빠지더니 끝내 공중에서 아래로 비명을 지르며 떨어져 큰 돌산으로 변해버렸다. 머리는 서를 향하고 꼬리는 동을 향하여 땅에 엎드린 모습이었다. 그래서 사람들이 오늘날까지 이 산을 복호산(伏虎山)이라고 부른다. 호랑이가 떨어지자 청룡은 순식간에 청룡언월도로 변하여 관우에게로 돌아왔다. 관우가 두 손으로 청룡언월도를 들어 돌로 변한 호랑이의 머리에 일격을 가한 순간 한 가닥 샘물이 펑펑 솟아 멈추지 않았다고 한다. 그날 이후 이 지역은 다시금 온갖 꽃과 곡식이 자라는 기름진 옥토로 변하였고, 지쳐 있던 인마가 그 샘물을 마시고 기력을 회복했다고 한다. 후에 사람들이 관우의 은덕을 기리기 위해 복호산의 그 샘물이 있는 곳에 사당을 지었는데, 그것이 지금의 탁도천 사당과 그 가운데 있는 탁도천이라는 것이다.

오늘날에도 중국 사람들은 이 전설을 믿기에 탁도천 사당을 참배하고 탁도천의 샘물을 마시며 관우를 기리고 있는 것이다. 이상과 같은 관우와 관련된 전설들은 명・청시대 관우가 신격화 된 이후에 나온 전설로 보인다. 이외에도 중국에는 소설《삼국연의》에서는 찾아볼 수 없는 관우와 관련된 많은 민간전설이 각지에 남아 있다.

제6장
소설 삼국지 주요인물

1. 유비(劉備)

역사서《삼국지》의 기록을 바탕으로 삼국지 주요 인물의 일생을 정리해보면, 먼저 유비는 자(字)가 현덕(玄德)이고 탁군(涿郡) 탁현(涿縣)사람으로 한(漢) 경제(景帝)의 아들 중산정왕(中山靖王) 유승(劉勝)의 후예이다.

중산정왕에 봉해졌던 유승의 아들 유정(劉貞)은 중산 육성현(陸成縣)의 제후로 봉해졌지만, 헌납한 황금이 부족했다는 이유로 작위를 빼앗기고 평민으로 강등당했다. 유비의 조부인 유웅(劉雄) 때에 다시 작은 벼슬자리를 얻게 되었고, 유비의 부친 유홍(劉弘)은 지방에서 현령의 자리를 지냈다. 그러나 유홍은 청렴한 데다 일찍 사망하여 남긴 재산이 없었다. 어려서 일찍 아버지를 여의고 집안 경제사정이 어려웠던 유비는 어머니와 함께 짚신과 자리를 엮어 팔아 생계를 꾸려나갔다.

황건의 난이 일어났을 때, 무리를 모아 황건군을 토벌하여 공을 세워 안희현(安喜縣)의 위(尉)의 자리를 제수받았다. 그러나 독우(督郵)를 매질하여 관직을 버리고, 관우 장비와 함께 망명생활을 시작한다. 얼마 후 다시 황건 토벌에 공을 세워 하밀현(下密縣) 승(丞)에 임명되었지만 얼마 지나지 않아 스스로 관직을 내어놓는다. 뒤에 고당현(古唐縣)위(尉)가 되었다가, 다시 현령으로 승진했다. 하지만 고당현이 적에게 공격을 받아 공손찬(公孫瓚)에게 달아났다. 공손찬을 도와 원소(袁紹)에게 대항하며 여러 차례 공을 세워 평원의 상(相)이 되었다.

그는 현지 백성들과 잘 지냈으며 경내에 있는 도적떼까지 잘 소탕하여 백성들의 지지를 받았다. 그 지역 세도가였던 유평(劉平)은 유비를 못마땅하게 생각하여 자객을 보냈으나, 오히려 자객은 유비와 대화를 나누다가 친구가 되어 버린다. 게다가 이 자객은 유비를 살해하기는커녕 유평의 음모까지 알려주기도 하였다.

조조가 서주(徐州)를 공격하자, 서주목(徐州牧) 도겸(陶謙)은 전해(田楷)에게 도움을 청했고 유비는 전해와 함께 그를 구하러 갔다. 유비는 곧 도겸에게 귀의했고 도겸은 유비를 예주(豫州)자사로 삼고 소패(小沛)에 주둔시켰다. 도겸은 죽기 전, 서주를 유비에게 넘겨주고, 유비의 서주목 추천을 상주했다. 일찍이 유비는 도겸에게 원술(袁術)을 추천하면서 도겸의 제의를 사양한 적이 있었다. 하지만 이번에 유비는 도겸의 두 번째 제의를 받아들여 서주목의 자리에 올랐다.

얼마 후, 연주(兗州)에서 패배한 여포는 유비의 호의로 소패에 도망와서 머물게 되었다. 그런데 여포는 하비(下邳)를 기습 공격하여 점령해 버린다. 결국 유비는 여포에게 투항하여 오히려 거꾸로 소패 지역에 머무는 신세가 되고 말았다. 이후 여포는 유비를 소패에서마저 쫓아냈고, 갈 곳 없던 유비는 조조에게 몸을 의탁하게 되었는데, 조조를 이를 구실로 하비를 공격하여 여포를 죽여 버린다. 여포가 죽은 후, 조조는 유비가 아닌 차주(車冑)에게 서주자사를 삼고, 유비를 허현(許

縣)으로 데리고 가서, 좌장군에 임명하였다.

건안(建安) 4년, 원술(袁術)이 수춘(壽春)을 떠나 원소에게 의탁하려 하였다. 조조는 원소의 세력이 커지는 것이 걱정되어 유비를 서주로 보내서 원술의 길을 차단하게 했다. 유비는 원술을 위협하여 방향을 틀게 만들고, 이를 조조를 벗어날 수 있는 기회라고 생각하여 아예 서주로 가서 차주를 몰아내고 그 지역을 손에 넣었다.

그러나 서주에서 유비의 세력권은 오래 가지 못했다. 일 년도 채 되지 않아, 조조는 대군을 이끌고 와서 유비의 수천 병력을 모조리 쳐부수고, 유비의 처와 관우를 포로로 잡았다. 장비는 남하하여, 여남(汝南)의 황건적 무리와 힘을 합쳐 하남 정양(正陽)구역에 위치한 옛 성을 점령하고 잠시 거처했다. 유비는 원담(袁譚)에게 달아났다.

전에 유비가 조조에 의해 예주목으로 천거되었을 때 원담을 무재(茂才)로 천거한 적이 있었다. 이에 원담은 자신을 천거한 유비에게 자연스레 호감을 가지게 되었다. 그래서 원담은 유비로부터 청주로 오고 싶다는 말을 들었을 때 바로 보병과 기병대를 이끌고 마중을 나갔다. 또 원담의 보고를 받은 원소 역시 군사를 보내 유비를 기주(冀州) 위군(魏郡) 업현(鄴縣)으로 데리고 오게 하였다. 이 때, 원소는 직접 성으로부터 200여 리나 떨어진 곳까지 나와 유비를 맞이하였다. 이는 일반적인 접견 수준을 훨씬 뛰어넘은 큰 예우였다.

유비는 원소 휘하에 있으면서 원소와 조조 간의 벌어진 연진(延津) 전투를 목격하게 된다. 유비는 원소가 그다지 용병에 능하지 않으며 조조를 이길 재목이 아님을 알게 되었다. 곧 그는 원소에게 여남에 가서 황건의 무리를 선동해 조조의 후방을 교란시키자는 제안을 했다.

원소는 이를 받아들였고 유비는 몸을 빼서 달아났다. 유비는 여남으로 와서 장비와 다시 합세했다. 곧이어, 유비와 장비의 행방을 알게 된 관우가 유비의 두 부인(감부인과 미부인)를 모시고 고성(古城)에 갔다. 조조의 장수 채양(蔡陽)이 관우 일행의 뒤좇아 추격했지만, 채양은 관우의 손에 죽임을 당해 버린다.

건안 5년, 유비·관우·장비는 여남을 떠나 양양(襄陽)으로 가서 유표(劉表)에게 몸을 의탁했다. 유표는 그들을 신야(新野)에 머물게 하였지만 중용 할 생각이 없었다. 그저 그 지역의 전방 경계 임무를 맡겼을 뿐, 유비를 선임 서주목의 예우로 대하지 않았다. 이때 유비의 나이는 마흔을 훌쩍 넘긴 후였다. 유비는 거의 반평생을 이리저리 뛰어다녔으나, 제대로 된 업적 하나 없었고 정착조차 하지 못한 상황이었다.

유비는 신야에서 7년 이상의 세월을 지내면서, 유표의 명으로 단 한 번 출군(出軍)하였다. 그는 완현(宛縣), 박망(博望), 장산(長山)을 거쳐 허현의 서남쪽 엽현(葉縣)에 도착하였다. 엽현을 지키는 조조군의 장수 하후돈(夏候惇)이었는데 그의 휘하에는 이전(李典)과 우금(于禁)이 있었다. 유비는 매복하였다가 공격하여 하후돈을 패배시켰다[1].

건안13년 7월 조조의 대군이 형주의 경계를 압박하자 유비는 군대를 신야에서 번성(樊城)까지 퇴각시켰다. 당시 유표는 전략이나 군사 정세를 전혀 몰랐다. 그는 조조와 연합한 것도 아니고 원소와 연합한 것도 아니었다. 겉으로 보면 원소와 결탁해 조조와 대적하는 것 같았으나 실제는 겉으로만 그런 척 하고만 있었던 것이다.

---

1) 이 사건에 관한 역사적 기록과 《삼국연의》의 서술은 상이하다.

건안 13년 8월, 유표가 사망했고, 그해 12월 적벽대전이 발발했다. 미미한 세력의 유비였지만 다행히도 제갈량이란 대단한 인물을 찾아내어 곁에 두고 있었던 그는 동오와의 연합을 이끌어 내어 조조를 물리쳐버린다. 이후 유비는 적벽대전의 승리로 차지한 형주를 기반으로 삼아 세력을 확장시켜 서촉지역을 차지하게 된다. 건안24년(219년) 한중왕(漢中王)에 올랐지만, 형주 반환을 두고 손권과 대립하게 되는데 이때 관우가 사망하게 되고 형주는 다시 손권에게 넘어간다. 건안25년 황제의 제위에 오르고 국호를 한(漢)이라 하고 연호를 장무(章武)라 하였다. 장무 원년(221년), 신하들의 반대를 뒤로하고 관우의 복수와 형주 탈환을 위해 동오로 진격하지만 이릉(夷陵)에서 크게 패배하고, 장무3년(223년)에 백제성(白帝城)에서 결국 병으로 죽게 된다.

2. 조조(曹操)와 그 아들

1) 조조

조조는 자(字)가 맹덕(孟德)이며 패국(沛國) 초현(譙縣) 출신이다. 어렸을 때는 길리(吉利) 또는 아만(阿瞞)이라고 불렸다. 상국(相國)을 지낸 조참(曹參)의 후예로, 조부 조등(曹騰)은 환관이었지만 제후에 봉해졌고 아버지 조숭(曹崇)은 그 작위를 이어받아 태위(太衛)에 이르렀다. 조조는 30세에 효렴(孝廉)을 통해 관직에 등용되었고, 황건의 난이 일어났을 때 진압군으로서 큰 공을 세웠다. 영제가 죽은 후 동탁이 조정을 장악하자 원소를 맹주로 하여 결성한 반(反)동탁 연맹에 참가하였다. 그 후 독자적으로 세력을 확장하다 동탁이 죽은 후 혼란한 상황에서 헌제를 차지하여 대권을 장악했다.

조조는 둔전(屯田)을 시행하고 수리시설을 정비하여 피폐했던 국가 경제를 재건하였다. 순욱(荀彧)·곽가(郭嘉)·장료(張遼) 등을 수하에 두고 군대를 정비한 후, 북방의 패권을 다투던 경쟁자 원소를 관도(官渡)에서 격파하였다. 이 전쟁으로 원소는 치명적인 타격을 입고 겨우 하북(河北)으로 도망쳤고, 조조는 중원을 통일하게 된다.

북방을 평정해 패권을 차지한 조조는 남방까지 장악하여 천하를 통일하고자 하였다. 그러나 건안 13년 적벽(赤壁)에서 수전 경험의 부족과 전염병의 유행으로 유비와 손권 연합군에게 크게 패배하고 만다. 이 전투로 손권은 강남에서의 입지를 확고히 하게 되고, 유비는 형주를 차지한 후 익주 지역까지 세력을 확대하여 천하를 도모하기 위한 기틀을 마련하게 된다. 이로써 위·촉·오 삼국의 형세를 갖추게 된다.

조조는 적벽대전의 패배 후, 조조는 스스로를 위공(魏公)으로 봉하여 왕망(王莽)의 사례를 따라갔다[2]. 그 후 다시 지위를 높여 위왕(魏王)이 되어 독자적인 영역과 관료 체제를 갖추어 후한(後漢)을 대체할 새로운 왕조의 기틀을 마련하였다.

---

2) 원래 한(漢)에서 귀족의 봉작은 왕(王)과 후(侯)만 있었을 뿐, 공(公)은 없었다. 공(公)이라 칭한 이는 왕망 한 사람뿐이었다. 왕망이 왕위를 찬탈한 후 스스로를 안한공(安漢公)에 봉했다. 조조가 위공이 되었을 때, 천하의 사람들은 조조의 왕위찬탈 의도를 짐작할 수 있었다. 이 일은 한나라의 중흥을 위하여 조조를 따르던 순욱(荀彧)·최염(崔琰)·모개(毛玠) 등의 마음을 돌아서게 만들었다.

220년 조조가 사망하고 장자인 조비(曹丕)는 헌제를 폐위하고 제위(帝位)에 올랐다.

2) 조조의 아들

조조에게는 26명의 아들이 있었다. 그 중에서도 환(環)부인 소생 조충(曹冲)을 가장 총애했다. 조충은 총명했을 뿐만 아니라 마음 또한 선량했다고 한다. 그러나 재덕을 겸비했지만, 안타깝게도 13세의 나이로 요절한다.

조조의 큰 아들 조앙(曹昂)은 정실(正室)이었던 정씨(丁氏)의 아들이었다[3]. 건안 3년, 조조를 따라 장수(張繡)를 토벌하러 갔다가 전사했다.

조앙 다음은 조비(曹丕)인데, 한 영제 중평 4년에 태어나 조충보다 9살이 많았다. 조비는 조충만큼 똑똑하지도 착하지도 않아서 조조는 그를 그다지 좋아하지 않았다고 한다. 그러나 조비는 문장이 뛰어나 《전론(典論)》《열이전(列異傳)》을 써냈고 시에도 뛰어났다.

조충 외에 조조가 가장 좋아한 아들은 조창(曹彰)이었고, 다음이 조식(曹植)이었다. 조창은 싸움에 능했지만 불행하게 삶을 마쳤다. 조창의 수염이 약간 황색이어서 조조는 그를 "황수아(黃須兒)"라고 불렀다. 건안 23년 북중랑장(北中郎將) 행효기장군(行驍騎將軍)에 임명되어 대군(代郡)에서 역모를 꾀한 오환(烏丸)을 토벌하기도 했다. 조조는 그의 관직을 월기장군(越騎將軍)으로 승격시키고 장안에 머물게 했다.

---

3) 조앙의 자(字)는 자수(子修)이다.

조조는 지병이 재발했하자 사람을 보내 조창을 불러들였지만, 조창은 조조가 죽은 후에야 낙양에 도착할 수 있었다. 이때 조비 역시 낙양이 아닌 업현(鄴縣)에 있었지만, 화흡(華歆)·왕랑(王朗) 등의 충고를 받아들여 업현에서 즉위식을 거행하였다.

조창은 건안 25년 조비의 명을 받들어 언릉현(鄢陵縣)으로 떠났다. 그는 작은 지방의 작은 제후(鄢陵侯)가 되어 다른 제후들과 마찬가지로 항상 감국알자의 눈치를 보아야 했다.

연강(延康) 원년 10월, 조비는 제위를 찬탈하고 국호를 위(魏)로, 연호를 황초(黃初)로 바꾸었다. 황초 2년 조창은 언릉공(鄢陵公)으로 승격되었다가, 그 다음해 황초 3년에는 왕으로 승격되었는데 임성(任城)에 봉해졌기 때문에 임성왕(任城王)이라 불렀다. 황초 4년, 조창은 낙양으로 들어왔지만 오래 머물지 못하고 6월에 사망했다.

조식은 건안 16년, 스무 살 때 평원후(平原侯)에 봉해졌고, 3년 후에 다시 임치후(臨淄侯)가 되었다. 조조의 총애를 받아 태자가 될 뻔하였다. 그러나 두 가지 잘못을 저질러 조조의 결정을 돌려놓고 만다. 첫째는 조식이 제멋대로 궁 안의 사마문(司馬門)을 열게 하고 수레를 몰고 나간 사건으로, 당시 법률을 위반한 행위였다. 조조는 법을 무시한 조식의 행위에 화가 나서 마차를 관할하는 관리의 목을 친다. 조식의 두 번째 잘못은 건안 24년 남중랑장(南中郎將) 행정로장군(行征虜將軍)으로 임명되었을 때였다. 조조는 그에게 번성으로 가서 관우에게 대항하고 있는 조인을 지원하라고 할 계획이었다. 그러나 조조가 소환했을 때 조식은 이미 술에 만취하여 모양새가 엉망이었다. 결국 조조는 그의 군직을 철회하고 조인에게도 보내지 않았으며 어떠한 실질적

임무도 주지 않았다.

조비는 조식과 모든 제후들을 모두 경성에서 내보내어 각각의 나라를 다스리게 했다. 행동의 자유가 극히 제한되어 있어서 조서가 없으면 마음대로 경성에 올 수 없었고, 제후간에는 서신 왕래조차 못하게 하였다. 위나라 중앙정부는 제후가 거주하는 곳에 감국알자(監國謁者)를 설치하여 제후의 행동을 감시하고 중앙정부에 보고하도록 하였다.

조식은 황초 2년 임치국의 감국알자에게 고발을 당한다. 이에 지위가 강등되어 안향후(安鄕侯)'가 되었다. 하지만 조비는 얼마 후 조식을 다시 현후로 승격시키고 견성(甄城)에 봉한다. 황초 3년에는 다시 왕이 되어 견성왕이라 불리게 된다. 황초 4년 그는 또 한 번 옹구왕(雍丘王)에 봉해졌는데, 이때 조식은 참회와 감사하는 마음으로 시를 지어 조비에게 바쳤다.

조식은 말년에 문제 조비와 명제 조예에게 전쟁에 나가 공을 세우도록 기회를 달라고 간청했지만 허락을 받지 못했다. 그는 결국 감옥과도 같은 봉읍에 머물다가, 태화 6년에 41세의 나이로 생을 마감했다. 명제는 그를 추존하여 '사(思)'자를 내렸다. 그래서 문학사에서는 그를 진사왕(陳思王)이라고 부르기도 한다.

3) 제갈량

자(字)는 공명(孔明)이고 낭야군(琅邪郡) 양도현(陽都縣) 사람이다. 어려서 부친을 잃고 숙부 제갈현(諸葛玄)을 따라 형주(荊州)로 갔다. 제갈현이 죽고 10년간 양양성(襄陽城) 서쪽 융중(隆中)에서서 농사를 지으며 은거하였다. 207년, 서서(徐庶)가 제갈량을 추천하자, 유비는 세 차례나 찾아가는 수고를 한 후에 제갈량과 만나게 되었다. 유비의 삼고초려에 감동을 받은 제갈량은 이때부터 그를 섬기기 시작하였다.

208년, 조조가 형주를 차지하고 유비를 추격하였다. 제갈량은 동오(東吳)로 가서 손권에게 연합하여 조조를 막을 것을 설득하였다. 유비와 손권의 연합군이 적벽(赤壁)에서 조조군으로부터 승리를 거두고 유비는 형주 사군(四郡)을 얻게 된다.

221년, 유비는 황제에 오르고 제갈량을 승상으로 삼았다. 그러나 유비는 제위 3년 만에 사망하고(223년) 제갈량에게 후사를 부탁하였다.

제갈량은 촉의 후주 유선(劉禪)을 보필하며 남만(南蠻) 정벌(225년)과 북벌(227년부터 12년간)을 시도하였으나 실패하고 234년 오장원(五丈原)에서 병으로 죽게 된다.

제7장
관우(關羽) 문화

오늘날 중국에 형성되어 있는 삼국지문화 내용의 핵심은 바로 관우문화이다. 이 관우문화는 관우가 신격화되기 시작했던 그 시기부터 하나의 문화현상으로 형성이 되어 중국 사회 각 분야에 큰 영향을 끼치게 된다.

1. 관우 문화 현상 형성

진수(陳壽)가 저술한 역사서 정사(正史)《삼국지》속 관우의 실제 모습을 살펴보면 관우에 대한 언급이 많지 않다. 책속에 있는「관우전(關羽傳)」도 불과 965자에 지나지 않는다.[1] 하지만「관우전」은 같은 권에 있는 장비(張飛)(780자), 마초(馬超)(660자), 황충(黃忠)(250자), 조운(趙雲)(370자)전의 글자 수 보다는 많다. 관우가 태어난 연대는 기재되어 있지 않지만 죽음의 과정에 대하여는 명확하게 드러난다. 이「관우전」에 기재되어진 내용과「여몽전(呂蒙傳)」및 기타 인물들에 관한 역사서

1) 이마이즈미 준노스케, 이만옥 역,《관우》(서울: 예담, 2002), 13쪽 참조.

《삼국지》 속의 기록들을 살펴보면, 관우는 동한(東漢) 헌제(獻帝) 건안(建安) 24년(219)에 죽었다.

1) 문학적 배경

원초적 단계의 역사가 민간에서 본격적으로 문학의 영역으로 들어오게 되면서 관우 문화 현상이 본격적으로 창출되어진다. 민간에서 민간인들의 염원을 한껏 담으며 수용되어지다 문인의 손에 들어가 예술화 되어지는 것이다.

(1) 민간문학에서의 이상화

민간 예술인들은 기본적으로 전통적 유가문화의 영향과 교육을 받았지만 일반인들의 감상기호와 욕구를 잘 이해하고 있었기에 새로운 것을 원하는 민간인들의 요구에 따라 거의 자연적 형태인 구비 전설에 자신의 이상적 문예관의 바탕 하에서 예술적 기교를 더하여 민간에서 환영받을 수 있는 민간문예를 창작해내었다. 이는 전통적 유가문화의 정신에도 부합될 뿐만 아니라 민간인들의 기호에도 들어맞는 것이어서 민간에서 큰 호응을 일으키게 된다. 관우가 포함된 삼국관련 이야기 역시 이러한 과정을 거쳐 한 차원 높은 수준의 민간문학으로 창작되어지게 된다.

송원시기에 이르게 되면 관우를 단독 주인공으로 하는 민간문학 작품이 대량으로 나오게 된다. 예를 들면, 원대에 간행되어진 《신전상삼국지평화(新全相三國志平話)》 중에는 관우를 소재로 한 많은 이야기가 있다. 《도원결의(桃園結義)》·《관공자안량(關公刺顔良)》·《관운장천리독행(關雲長千里獨行)》·《관공단도회(關公單刀會)》·《괄골료독(刮骨療毒)》·《수엄우금군(水淹于禁軍)》 등 십여가지의 이야기가 모두 관우의 충의· 무용·지혜·의연함 등 그의 훌륭한 정신적 면모를 표현하고 있다. 이외에 원 잡극에도 관우의 훌륭한 품성을 다룬 작품이 십여 종 있는데, 《단도회(單刀會)》·《천리독행(千里獨行)》 등이 현존하고 있다. 이처럼 송원대 민간문학에서는 관우의 충의와 용맹 등 정신적인 측면이 중점적으로 두드러지면서 관우형상이 이상화되었다.

송원대 민간 문예인들은 관우의 형상을 이상화하는 과정에서 사실과 부합하지 않고 순리에도 맞지 않는 다소 허황한 내용을 가미하기도 하였고, 또 사건 자체를 지나치게 과장하여 꾸며 넣기도 하였다. 그 의도는 관우의 충의와 무용정신을 두드러지게 표현하여 이미지를 더욱 더 선명하고 생동적이며 위엄 있게 표현하고자 함이었다. 그리하여 관중이나 독자들의 심리를 자극하여 흥미와 감동을 불러일으키게 하고 나아가 관우를 학습하고 흠모하며 숭배하는 사회적 분위기가 조성되었다.

결국 송원대 민간문학에서의 관우 이상화 및 그 광범위한 전파는 관우 문화 현상 형성의 한 토대가 되었을 뿐만 아니라 소설 《삼국연의》 탄생을 위한 튼튼한 기반을 제공해 주었다.

(2) 《삼국연의》에서의 완벽화

원말명초 나관중(羅貫中)은 관중들의 끊임없이 높아가는 심미적 욕구를 만족시켜주기 위하여 민간문학이 제공한 소재를 폭넓게 수용하고 역사적 근거를 바탕으로 하여 유가의 전통적 사상,문화,도덕관념의 토대에다 자신의 이상적 문예관과 사유체계를 발휘하여 역사소설《삼국연의》를 저술하게 된다. 이 소설에서 관우는 정교하고 정형화된 예술적 전형인물이 되어 더욱 심미적 품격과 예술적 매력을 갖추게 되었다.

청 강희(康熙)년간(1662년)에 모륜(毛綸) 모종강(毛宗崗) 부자는 나관중 소설《삼국연의》를 비평 수정하여 관우의 "충의" 정신을 더욱 강화시킨다. 이로 인해 관우형상은 더욱 개성이 뚜렷하고 풍부해져 보다 높은 예술적 감화력을 지니게 되었으며, 통치자의 추앙은 물론 민간인들에게서도 숭배 받는 영웅형 관우형상이 창출되어지게 되었다.

이렇게 창조되어진 관우형상은 이후 관우 문화 현상이 형성 발전되어 지속되어지게 한 결정적 요인이 되었다. 관우의 형상은 문학영역을 뛰어넘어 온 사회에 그 영향을 미치게 되었던 것이다.

2) 민족정서적 배경

중국민족의 전통의식 속의 영웅이란 민의에 따라 불의를 바로잡고 난세를 다스릴 줄 아는 정의로운 인물을 의미한다. 그들은 나라를 안정시키고 백성을 구제하며 주군을 도와 나라에 보답하려는 의지와 뛰어난 무용(武勇), 큰일을 도모하여 업적을 세울 줄 아는 지혜, 죽어도 굴하지 않는 의연함을 갖추고 있어야 했다. 소설 속 관우의 형상은 그들의 영웅관에 정확하게 일치하는 전형적 인물이었을 뿐만 아니라 다른 인물들보다 더욱 뚜렷한 개성을 지닌 인물이었다. 그 구체적 내용을 살펴보면 다음과 같다.

첫째 용(勇)을 표현하고 있다. 소설《삼국연의》에는 관우의 무용정신이 여러 대목에서 표현되어져 있다. 무용은 바로 충의정신을 구체화, 행위화한 것이다. 용은 또한 유가문화가 크게 선양하는 도덕적 관념과 규범이기도 하다.《예기·빙의(禮記·騁義)》에서는 "의를 지닌 것을 용감하다고 한다."[2]라고 했고. 공자도 "의를 보고도 따르지 않는 것은 용이 없는 것이다."[3]라고 했다. 이 뜻은 즉 용은 반드시 의에 부합되어야 한다는 것이다. 무용은 관우형상의 외재적 특징으로 용맹하고 강건한 기질의 미를 지니고 있다. 이런 까닭에 관우가 의인,세상을 주도하는 영웅,정신적 기개와 풍모를 지닌 장수 등으로 형용되어지는 것이다.

소설《삼국연의》속에서 관우는《관우참차주(關羽斬車胄)》,《자안량(刺顔良)》,《참채양(斬蔡陽)》,《살방덕(殺龐德)》,《온주참화웅(溫酒斬華雄)》《과오관참육장(過五關斬六將)》등의 이야기를 통해 용맹스럽게 적을 대적하는 영웅기개를 지닌 장수로 잘 표현되어져 있다. 관우의 "용"은 단순한 용맹만이 아니고 지혜가 함께하는 용인 것이다. 그래서 관우는 신중하면서도 강인하고 굳센 성격을 동시에 지니고 있는 것이다.

---

2) "有義之謂勇敢."

3) "見義不爲, 無勇也."

둘째 관우의 용은 충의를 표현하고 있다는 점이 매우 중요하다. 그는 현명한 군주를 택해서 섬기고 어떤 물질적 유혹에도 빠져들지 않고, 어려운 여러 가지 상황에도 불구하고 주군 찾아 천리길을 떠나는 충의의 정신을 몸소 실천하였다.

충의는 공명, 장비, 조운, 관우 등이 모두 갖추고 있지만, 소설《삼국연의》의 작가는 관우의 충의를 많은 우여곡절 속에서 가장 감동적으로 묘사하였다. 관우의 "항조귀한(降曺歸漢)" 같은 이야기는 매우 생생하게 묘사되어 독자들에게 커다란 감동을 준다. 이런 수준의 묘사는 기타 인물들에게는 부여하지 않은 특별한 것이었다. 그러기에 관우형상은 특별한 성격특징을 지니게 되어, 같은 의라 하더라도 차별성을 지니게 된 것이었다. 즉 관우의 의는 독특한 성격을 지니게 되어 공명의 "지(智)"와 유비의 "인(仁)"과 조조의 "간(奸)" 등의 특징들과 차별성을 지니고 있다. 관우의 용은 결국 충의를 수반한 것이기에 돋보일 수 있었던 것이다.

셋째 관우는 지혜의 화신이기도 하다. 소설《삼국연의》의《관우잠성습차주(關羽賺城襲車冑)》,《단도부회(單刀赴會)》,《수엄칠군(水淹七軍)》 등의 이야기 속에는 관우의 지혜가 잘 드러난다. 이 대목에서 작가는 무엇보다 관우의 지혜에 무게를 두어 서술을 하였던 것이다. 단지 용맹스러움만 있고 지혜가 없다면 세상을 이끌 영웅이 될 수 없는 것이다. 지혜로써 일을 도모하여 업적을 세우면 그 용은 더욱 큰 성공을 얻게 된다. 이러하기에 관우의 지혜는 한 차원 높은 "신용(神勇)"의 차원으로 높여질 수 있었던 것이다.

넷째, 도덕적 인물로서의 의연함이다. 이 또한 관우형상의 뚜렷한 성격특징 중의 하나이다. 의연함이란 주로 사람의 의지의 강도와 인내심의 정도를 형용하는 말이다. 사람이 마음속에 충의를 행동규범으로 가지고 있고 동시에 무용과 지혜, 그리고 의연함과 같은 훌륭한 정신적 품성을 겸비하고서 일을 도모한다면 이루지 못할 것이 없을 것이다. 이런 관우형상의 성격특징은 소설 속에 상당히 부각되어 드러나 있다.

이상과 같은 관우형상의 여러 면모는 중국인들의 민족적 정서에 딱 맞아떨어져 그들의 욕구를 만족시킬 수 있었던 것이다. 이처럼 구체적이고 개성적인 관우형상이 창출되어져 있었기에 보다 쉽게 모든 중국인들의 마음속에 신과 같은 특별한 존재로 자리 잡을 수 있었던 것이다.

관우형상은 그 속에 내포되어 있는 민족정신,민족성격으로 말미암아 충의, 무용, 지혜, 의연함 등으로 규범 지어져 하층 민간인들의 가치 관념과 인생이상을 대변하게 되고, 동시에 통치계층의 바램을 반영하였다.

통치자 계층에서 대대적으로 추존하고 종교적 차원에서까지 신격화되어지자 온 사회가 함께 관우를 숭배하게 되었다. 그리하여 민간인들은 삶속에도 영향을 미치게 되어 심지어 관우정신을 자녀의 가정교육에까지 활용하기도 하였다. 관우형상이 내포하는 민족성과 전형성은 각 계급, 계층, 집단 및 개인으로 하여금 그의 가치를 높이 평가하고 숭상하는 마음을 지니게 하였다. 전통사회 속의 이러한 사회문화적 분위기가 관우문화현상을 형성하게 만든 중요한 배경이 되었던 것이다.

2. 관우 숭배 요인

1) 국가차원 신격화의 영향

관우가 숭배되어진 요인으로는 먼저 관우 신격화의 직접적 요인으로 국가적 차원의 신격화를 들 수 있겠다. 관우가 죽은 후, 지역적으로 민간차원에서 섬겨지던 관우는 송(宋)대에 접어들면서 새로운 국면을 맞이하게 된다. 국가차원에서 관우를 섬기기 시작한 것이다. 관우에 대한 이해와 인식이 달라지고 전국에 사당이 들어서기 시작한다. 최초 관우 탄생 100년째 되는 해에 촉의 후주 유선에 의해 격상된 뒤 남북조 시기부터 청(淸)대 말기에 이르기까지 관우는 역대 제왕들의 추존을 끊임없이 받아, 후(侯)에서 왕(王), 왕에서 제(帝), 제에서 성(聖), 성에서 천(天)으로 올라갔다. 그의 명성은 중국은 물론 해외에까지 널리 알려져 중국 역사상 가장 존경받고 신성시 되는 우상의 한 사람이 되었으며, 마침내는 공자와 함께 "문무이성(文武二聖)"으로 병칭되었다.[4]

역대 왕조가 관우에게 내린 시호를 통해 국가차원의 관우 신격화과정을 살펴보면 다음과 같다.[5] 관우는 생전에 단지 '한수정후'라는 작위를 조조로부터 받았을 뿐이었다. 죽은 후에 유선으로부터 '장무후'라는 지위를 부여받았다. 그 후 통치자의 역사 속에서 사라졌던 관우

4) 이마이즈미 준노스케, 앞의 책, 341-344쪽 참조.

5) 역대 황제들이 관우에게 하사한 작위는 劉錫誠 等著,《關公信仰》, (北京:學苑出版社, 1993, 60-63쪽)과, 朱大渭,「武將群中獨一人」(《中國歷史文化中的關羽學術研討會》 2002. 17-20쪽)을 참고하였다.

가 북송대부터 다시 등장하여 그 지위가 계속해서 격상되어 지기 시작하였다.

먼저 북송 휘종 숭녕(崇寧) 원년(1102)에 관우의 시호를 충혜공(忠惠公)으로 추존하고 작위를 후작에서 공작으로 한 단계 격상시킨다. 그리고 숭녕 3년(1104년)에는 다시 관우를 숭녕진군(崇寧眞君)으로 추존하였다. 북송시대는 유(儒)·불(佛)·도(道) 삼교가 공존하던 시대인데다 휘종이 그 당시 도교를 깊게 믿고 있다 보니 그 봉호가 도교의 모습이었던 것이다. 휘종 대관(大觀) 2년(1108)에 소열무안왕(昭烈武安王)으로 추존되어져 드디어 관우가 왕의 작위를 받게 된다. 선화(宣和) 5년(1123)에 다시 '의용(義勇)'이라는 두 글자를 더해 의용무안왕(義勇武安王)으로 추존되어진다.

남송(南宋)에 이르러는 고종 건염(建炎) 3년(1129)에 그 호칭이 장무의용무안왕(壯繆義勇武安王)으로 바뀐다. 효종(孝宗) 순희(淳熙) 14년(1187)에 다시 장무의용무안영제왕(壯繆義勇武安英濟王)으로 봉해진다.

원대에 와서는 문종(文宗) 대력(天曆) 원년(1328)에 남송 시대에 관우에게 내린 시호에서 장무(壯繆)를 없애고 대신 현령(顯靈)으로 바꾸어, 현령의용무안영제왕(顯靈義勇武安英濟王)이라 봉하였다.

명대에 이르러 성조 영락제는 혜제 건문(建文) 3년(1399년)에 정변을 일으켜 왕위를 찬탈하고는 자신의 행동을 관우의 영험한 도움을 받은 것이라고 말하며 직접 관우를 치켜세웠다. 또 성화(成化) 13년(1477)에는 정식으로 지안문(地安門)에 있는 관제묘(關帝廟)에 매년 날짜를 정해 제사를 지내게 하였고, 또 나라에 큰 재앙이 있으면 제사를 올려 고하게 하였다. 무종 정덕제 정덕(正德) 4년(1509년)에 조정에서 조서를 내려 전국에 있던 관묘(關廟)의 이름을 모두 충무묘(忠武廟)로 고치게 하였다. 이는 문신 공자를 제사하는 문묘에 대하여 관우가 무신이 되었다는 것을 뜻하는 것이다. 그리고 가정(嘉靖) 10년(1531년) 한관제 한수정후로 추존하였다. 또 신종 만력제의 만력 22년(1594년)에 협천호국충의제(協天護國忠義帝)에 봉하고, 관묘의 이름을 충무에서 영열(英烈)로 바꾸게 된다. 이로서 관우는 마침내 왕에서 승격되어 제의 시호를 받게 된 것이다. 또 만력 42년(1614) 10월에는 관우를 삼계복마대신위원진천존관성제군(三界伏魔大神威遠震天尊關聖帝君)로 고쳐 봉하였다. 이처럼 관우는 명대에 이미 제로 봉하여졌었는데, 신계(神界)에서 군이라 칭하고 왕이라 칭하는 경우는 많이 있지만 제라는 봉호를 하사받는 것은 유일한 것이었다.

청대에 이르러는 세조 순치제 순치(順治) 원년(1644)에 충의신무관성대제(忠義神武關聖大帝)로 봉하고는 관제(關帝)에게 제사지내는 예를 제정하여 매년 5월 13일 관리를 지안문 밖의 관제묘에 보내어 제사를 지내게 하였다. 이때부터 '무성(武聖)' 관우는 지위상 공자와 대등한 위치가 되어 제사에서도 동등한 예우를 받게 되었다. 성조 강희제 강희(康熙) 42년(1703)에는 관우의 선조, 조부, 부친을 공작(公爵)으로 추존하였다. 또 옹정(雍正) 3년(1725)에 관우의 조부와 부친까지 합하여 삼대에 대한 제를 5월 13일에 지내게 하였으며 또 봄 가을에 두 번 태뢰(太牢)의 예[6]로서 제사지내게 하였다. 건륭(乾隆) 33년(1768)에는 '충의신무영우관성대제(忠義神武靈佑關聖大帝)'로 봉해지고, 가경(嘉慶) 19년

6) 제사 때 소 양 돼지를 제물로 바치는 것.

(1814)에는 '신용(神勇)'이라는 두 자를 더하였고, 함풍(咸豊) 2년(1852)에 '호국(護國)'을 보태고, 다음해에는 '보민(保民)'을, 6년(1856)에는 '정성(精誠)'을, 7년(1857)에는 다시 '수정(綏靖)'을 더하였다. 목종(穆宗) 동치(同治) 9년(1870)에 '익찬(翊贊)'을, 덕종(德宗) 광서(光緒) 오년(1879)에는 '선덕(宣德)' 두 글자를 보태어 마침내는 '충의신무영우인용위현호국보민정성수정익찬선덕관성대제(忠義神武靈佑仁勇威顯護國保民精誠綏靖翊贊宣德關成大帝)'라는 무려 26자나 되는 긴 봉호를 가지게 되었는데, 관우에 대한 숭배가 극에 달했음을 알 수 있다. 문종 함풍제 함풍 5년(1855)에 관우의 선조를 광소왕(光昭王)으로, 조부를 유창왕(裕昌王)으로, 부친을 성충왕(成忠王)에 추증하고, 관우의 신위를 황궁에 모시게 된다. 통계에 따르면 청대에 50개의 부(府), 주(州), 현(縣), 향(鄉)에 모두 480여개의 관제묘가 있었고, 1989년 대만의 통계에 따르면 대만에 있는 관제묘만 950개에 달한다고 한다.[7]

이러한 국가차원에서의 관우 신격화는 단지 역대 봉건통치자들에 의한 관우의 작위 추증만으로 그치지 않았다. 원대에는 궁중에서부터 불사를 치를 때 신단에 관우상을 모셨다는 기록이 정사에 보이며, 명의 희종(熹宗)은 궁중에 관제상(關帝像)을 모셔두고 황제와 황후비들이 궁궐을 나가지 않고도 '관성제군'을 참배할 수 있도록 하였다.[8] 청의 만주족 황제들의 관우에 대한 관심은 이보다 더했는데, 이는 그 시

7) 蔡相煇, 「臺灣的關帝信仰及其教化功能」, 《中國歷史文化中的關羽學術硏討會》 2002, 177쪽.

8) 조재송, 「《三國演義》 관우 형상에 대한 사상사적 고찰」, 《중국학연구회》 제16집, 13쪽 참조.

조에서부터 비롯한다. 청의 개국시조 누루하치는 전쟁 승리의 원인을 관우의 신령이 보우한 결과로 선전하였으며 《삼국연의》를 병법서로 여길 만큼 항상 몸 곁에 두었다고 전한다. 청대는 궁중에서도 경극(京劇)이 곧잘 상연되었는데, 상연 도중 관우가 출장하는 장면이 되면 황제와 황후비도 모두 자리에서 일어나 몇 발짝 걷는 시늉을 내고 앉았다고 한다.[9]

이상에서처럼 관우의 지위는 후에서 공, 공에서 왕, 특히 명대에 이르러서는 왕에서 제로 게다가 공자와 대등한 위치의 성인으로, 또 성인에서 신에까지 이르고 있었다. 이러한 관우 숭배에 대한 중국의 역대 정권의 적극적인 태도에는 분명 통치적 동기가 담겨져 있다고 하겠다. 이들은 관우라는 인물이 가진 특성 중 특히 충의를 애써 부각시켰었는데, 관우의 신앙으로 인해 백성들이 관우처럼 나라와 정권에 대해 충의의 정신으로 충성을 다하기를 바랬던 것이다.

그러나 중국의 민간인들이 관우를 통해 배운 것은 세상을 살아가는데 주요한 가치기준인 인간적 신뢰관계로서의 의리였다. 약속을 지키는 의로운 사람이라는 점에서 출발되어진 관우에 대한 사랑과 믿음이 이후 영험이 뚜렷한 신으로까지 받아들여 그를 모시게 되는 관우숭배로 이어졌던 것이다.

역대 황제들이 봉한 작위는 관우 신격화의 주된 원인의 하나로 작용하였다. 그러나 국가차원의 권력의 힘만으로 이토록 오랜 기간 지속적으로 관우에 대한 신격화가 진행되고 그 열기가 지속되어져 왔다

9) 박신영, 「『三國演義』의 關羽형상화가 그 神格化에 끼친 영향」, (부산대 석사논문, 2004), 93쪽 참조.

고 보기는 힘들 것 같다. 왜냐하면 이는 민간인들을 포함한 중국 사회의 전반적 호응 없이는 불가능한 일이기 때문이다.

2) 민간전설의 영향

민간에서 유행되어진 관우와 관련된 전설은 끊임없이 관우를 신격화 시켜나갔다. 삼국관련 이야기가 세상에 유행하면서 민간에서는 관우가 현성(顯聖)하는 전설이 나타나기 시작하였다. 이런 민간 종교적 색채의 전설은 민간인들의 입을 통해 전해져 그 영험성을 더욱 강화시켜 관우를 신격화하는데 직접적인 작용을 하게 된다.

중국에서 관우가 신으로서 차지하고 있는 위치는 먼저 그의 출생과 관련된 전설 세 가지를 살펴보면 잘 알 수 있다.

첫째, 관우의 전신이 붉은 얼굴을 한 남해용왕(南海龍王)이라는 전설이다. 하동 해현 부근 한 절의 노스님은 적수가 없을 정도로 장기를 잘 두었다. 하루는 그 동네를 지나던 붉은 얼굴의 사내가 스님과 장기를 두었는데 한 달간이나 승부를 낼 수 없었다. 어느 날, 스님이 연속 세 판을 패하게 되고, 붉은 얼굴의 사내는 그것을 이상하게 여기고 이유를 묻자, 스님은 비가 내리지 않아 곡식이 말라죽게 생겼기에 걱정이라고 말하였다. 이에 사내가 자신은 남해용왕인데 옥황상제가 비를 허락하지 않기에 근심을 달래기 위해 장기를 두는 것이라 말하였다. 사실을 안 스님은 백성들을 살려달라고 애원을 하였고 이 남해용왕은 결국 옥황상제에게 죽임을 당할 각오를 하고 그 청을 받아들이며 한마디 당부하기를 "내일 비가 오고 나면 나는 죽임을 당할 것이오.

하지만 그대는 비 그친 후 호숫가에서 솟아나오는 붉은 물을 나무통에 받아 담고 잘 덮어 보관해주시오." 다음날 용왕의 말처럼 비가 내렸고, 스님은 그의 당부대로 행하였다. 그 후 백일이 지나자 그 나무통에서 붉은 얼굴을 한 어린아이가 나왔는데 그가 바로 관우였다고 한다.

둘째, 관우의 전신이 노수룡(露水龍)이라는 전설이다. 그는 산서 포주의 도사와 절친한 친구로 매일 밤 함께 바둑을 두었다. 어느 날 도사가 비가 오지 않아 백성들이 농사를 지을 수 없게 생겼다고 탄식하자, 용은 우물을 파라고 하였다. 다음날 도사가 사람들을 시켜 파 놓은 우물 속으로 용이 뚫고 들어가자 곧 물이 나왔고 사원과 주변 땅이 촉촉하게 젖어 농사를 지을 수 있게 되었다. 이것을 본 마을 사람들은 도사에게 도움을 청했고 또다시 용은 같은 방법으로 마을 사람들을 도와주었다. 이 소식이 널리 퍼져 관가의 현관까지도 부탁을 하였고 용은 이 모든 것을 들어주었다. 그러나 옥황상제가 이 일을 알고 노여워하였다. 사실, 이 마을 사람들은 양식을 낭비한 죄로 굶어죽게 되어 있었던 것이었다. 옥황상제는 태상노군을 파견해 용이 마을 사람들을 도왔다는 것을 알게 되었다. 이에 옥황상제는 다음날 오시 삼각에 벼락을 쳐 용을 죽이기로 하였다. 이날 밤 바둑을 두는 용의 표정이 어두운 것을 보고 이유를 묻자 용이 사실을 말하였다. 도사는 용을 도울 방법을 물었고 용은 "내일 오시가 되면 그대의 탁자 위에 천을 깔고 그 위에 깨끗한 솜뭉치를 펴고 윗부분이 붉게 물들면 얼른 그것을 싸서 큰 종 아래에 넣어두게. 백일 후에 다시 꺼내면 나를 살릴 수 있을 것이네."라고 대답하였다. 다음 날 맑은 하늘에 갑자기 바람이 불고 번개가 쳤고 도사는 용의 당부를 따랐다. 오시 삼각이 되자 솜뭉치에 정말 피가 묻어 나왔고 백일 후에는 쪼갠 종에서 붉은 얼굴을 한 희고 통통한 사내아이가 나왔다. 그가 바로 관우라는 전설이다.

셋째, 관우의 전신이 불의 신이라는 전설이다. 하동 해량 상평촌에 이름난 대장장이가 있었다. 어느 해, 대장장이는 포주부 보제사의 사원 수리를 마치고 떠나려는데 큰 스님이 그에게 금으로 된 바리때를 건네주며 잘 보관하라고 하였다. 본래 옥황상제는 불과 번개의 신으로 하여금 죄를 지은 포주의 사람들을 정월대보름에 태우려 하였다. 이에 두 신은 절름발이와 봉사로 가장하여 몰래 이 지역 사람들의 품성을 살펴보았다. 이 때 사람들은 무척 그들을 환대하였고 이에 감동을 받은 두 신은 그들을 해칠 수가 없었다. 그러나 옥황상제의 뜻을 어길 수 없어 꽃등을 밝혀 옥황상제를 속이기는 방법을 생각해내었다. 정월 대보름 밤, 포주 땅이 활활 타고 백성들은 혼란에 빠져 마구 뛰어다니는 것처럼 보이자 옥황상제는 백성들을 처벌했다고 생각하며 만족해하였다. 이로부터 민간에서는 매년 정월 대보름 밤에 큰 꽃등을 밝혀 불의 신이 백성을 구한 공덕을 기념하고 있다. 얼마 후, 옥황상제는 번개신의 실수로 이 사실을 알게 되고 대노하여 5월 13일에 불의 신을 죽일 것을 명령한다. 부득불 불의 신은 큰스님의 꿈에 나타나 5월 13일에 피를 금 바리때에 받으면 자신이 인간으로 환생할 것이라고 알려 주었다. 과연 5월 13일, 검은 구름이 몰려와 번개가 쳤고, 절 안으로 피비가 내렸다. 스님은 솜으로 조심스레 피를 받아 금 바리때에 넣어 두었다. 큰스님은 앞의 사실들을 말하고, 품성이 착함에도 자식이 없는 대장장이에게 불의 신의 부탁으로 피를 받아둔 금 바리때를 준다. 대장장이는 큰 스님의 말에 따라 백 일째 되는 날 금 바리때를 열어보니 안에는 희고 토실한 아이가 있었다. 대장장이 부부는 기뻐하며 이 아이의 이름을 "상생(常生)"이라고 하였고, 불의 신이 죽임을 당해 환생한 5월 13일을 그의 생일로 삼았다. 그가 바로 나라와 백성을 위했던 관우라는 전설이다.

이런 관우의 출생과 관련된 전설은 개국신화의 영웅 전설과 매우 흡사한 것으로 관우는 본시 그 출신이 특별하다는 것을 강조하여 그를 숭배하게끔 만들었던 것이다.

3) 민간 문예와 문학의 영향

관우이야기는 민간에서 어떻게 대대로 전해질 수 있었을까? 그것은 민간에서 관우를 숭배하며 제를 지내는 활동의 부차적인 결과물이라고 말할 수 있다.

후한 건안 24년, 219년 촉나라 장수 관우는 형주지역 총사령관으로 위나라 오나라와 형주를 두고 벌이던 형주쟁탈전 과정에서 동오의 군대에 사로잡혀 참수 당하였다. 그 후 관우의 머리와 몸은 각각 낙양과 당양에 매장되었다. 이후 관우정벌에 큰 공을 세웠던 여몽은 알 수 없는 병으로 죽었는데, 중국의 민간인들은 영험한 관우의 혼령이 벌을 내린 거라고 믿어 왔었다.

이처럼 관우는 죽은 후부터 민간인들에게 특별한 능력을 지닌 어떤 영험한 신적인 존재로 받아들여졌다. 특히 형주 지역에서는 그를 수

호신처럼 모시는 분위기가 조성되어 있었던 것이다. 이처럼 관우 신앙은 무속신앙처럼, 형주와 그의 고향 운성에서 일종의 지역신처럼 섬겨지고 있었던 것 같다.[10] 이는 삼국지의 다른 인물 유비나 장비, 제갈량 등도 비슷하게 그들의 고향에서는 거의 지역신의 수준으로 섬겨져 온 것과 같은 것이다.[11] 이처럼 관우는 후일 국가적으로 신격화되기 전에 고향 지역에서부터 이미 특별한 존재로 대접받고 있었던 것이다.

한대 민간에서는 사당에서 충신과 명장의 제사를 지내는 풍속이 있었는데 예를 들면 중원의 개자추(介子推) 사당, 형초의 굴원 사당, 오월의 오자서(伍子胥) 사당 등이 그 대표적인 것들이다. 이런 풍습으로 인해 민간인들은 우선 고향 지역을 중심으로 관우를 숭배하며 제를 지내고 그의 이야기를 전하여 칭송함으로써 관우의 신적 존재를 세상에 알려 갔던 것이다. 이러하다 보니 관우와 관련된 삼국 이야기가 민간에서 매우 널리 퍼져 있었던 것 같다. 이처럼 민간에 유행하던 이야기가 점차 문예작품의 영역으로 들어오게 되는 것이다.

먼저 당나라 때 이상은(李商隱)의 시 《교아(驕兒)》에서 "장비의 수염에 깔깔대고 등애의 말더듬음에 웃는구나."[12]라는 구절이 있었다.

송대에 이르러는 《동경몽화록(東京夢華錄)》의 "설화(說話)"에 이미

10) 이런 분위기는 《삼국연의》 83회를 보면 잘 알 수 있다.

11) 유비 장비의 고향인 중국 하북성 탁주시의 三義宮에서는 그들을 오래전부터 지역신처럼 모셔왔다고 한다. 桂郁 主編 《樓桑三義宮》(涿州; 涿州文化叢書. 2001年 9月) 참조.

12) 李商隱, 《驕兒》 "或謔張飛胡, 或笑鄧艾吃."

"설삼분(說三分)"이라는 독자적인 과목이 있었다. 또 소동파는《동파지림(東坡志林)》에서 "삼국시대 이야기에 이르러 유현덕이 패하는 것을 들으면 얼굴을 찡그리며 눈물 흘리는 이도 있고, 조조가 패한 것을 들으면 좋아서 쾌재를 부르기도 한다.(至說三國事, 聞劉玄德敗. 顰蹙眉, 有出涕者; 聞曹操敗, 卽喜, 唱快)"라고 적고 있다. 삼국이야기는 유전되어 오다 송대에 이르러서는 이미 "골목의 어린 아이들이 모여 앉아 옛이야기를 듣고 말한다"고 할 정도로 민간에 널리 유행하였고, 이 때 "옹유반조(擁劉反曹)"의 정서도 분명히 드러나 있었다. 송대 소동파조차도 탄식하며 "군자와 소인의 자취는 영원히 사라지지 않음을 알게 된다(以是知君子小人之澤, 百世不斬)"라고 하며 삼국이야기의 가치를 말하였다.[13]

원대 잡극에서 이미 삼국희(三國戲)가 있었는데, 예로《관대왕단도회(關大王單刀會)》를 들 수 있겠다. 원대 간행물《삼분사략(三分事略)》과 삼국의《평화(平話)》는 지금까지 볼 수 있는 최초의 삼국이야기 관련 서면자료이다. 그중 관우와 관련된 "도원결의", "유비 관우 장비가 여포를 물리치다", "다섯 관문을 지나면서 여섯 장수를 베다", "화용도에서 조조를 만나다", "단도회" 등의 허구적인 이야기가 이미 들어 있었다. 이로써 서기 2, 3세기에서 살았던 관우가 천년의 긴 시간을 거쳐 13세기 원대에 이르러 이미 일련의 새로운 이야기의 줄거리로 바뀌어 있었던 것이다. 이러한 이야기는 이미 장수 관우의 형상이 미화되고 잘 갖추어져 소설《삼국연의》의 내용과 별로 차이가 없다. 관우 이야기는 수천 수백 년의 긴긴 세월 속에서 사람의 입에서 입으로 전해오

13) 張警鵬,「關羽形象昇遷與中國傳統道德精神」,《三國演義學刊》(荊州市三國演義研究會, 2001年 第1期) 23쪽 참조.

면서 스스로들의 사상경향과 심미적 정감에 따라 이야기를 덧붙이고 바뀌어 왔던 것이다. 이 과정에서 관우의 형상은 더욱 풍부해지고 생동감 넘치며 완벽해져, 원대에 이르러 무대 위에 올려지고 책으로 쓰여지며 민간문예와 민간문학의 영역으로 본격 자리잡게 된 것이다.

이처럼 민간에서 관우이야기가 보편적으로 널리 유행되어지면서 그 과정에서 관우에 대한 존재와 인식이 점차 높아지게 되고, 관우는 민간에서 그 지위가 서서히 높아져 갔다. 이에 사대부 지식인들도 자연 관심을 가지게 되어, 그들의 글과 작품 속에 관우를 언급하며 서서히 그를 추존하게 되었으며, 이런 분위기가 결국 민간 문예와 문학을 통해 드러났던 것이다. 이런 하부의 민간인계층은 물론 상부의 사대부 계층까지 공감하는 관우숭배의 분위기는 마침내 봉건통치자에게까지 관우의 존재를 인식시키고 관우숭배를 받아들이도록 영향을 미쳐 관우를 "왕"으로 봉하는 일이 빨리 이루어질 수 있었던 것이다.

이런 국가차원의 관우추존은 민간의 관우숭배활동을 더욱 자극하게 되어, 관우 이야기도 더욱 더 발전해갔고, 원대에는 극으로, 원말명초에는 《삼국연의》라는 민간문학 최고 수준의 작품으로 만들어지게 된다.

오랜시간 민간에 구전되어 온 여러 삼국 관련 이야기는 민간에서 덜 체계적이지만 다소 구체적인 이야기로 만들어지게 된다. 이것을 사대부 문인 작가가 《삼국연의》라는 체계적인 문학작품으로 완성시킨 것이다. 소설의 핵심 부분은 역사적 사실보다 오랜 시간 민간의 입을 통해 전해진 전설에서 더 많이 왔고, 《삼국연의》를 통해 관우의 형상은 예술적 수준의 정련과 승화를 이루게 되었던 것이다.

이 소설의 유행과 성공으로 인해 이후 중국 사회에서는 이야기 수준에 머물던 관우 관련 이야기들이 구체적 작품으로 완비되어 문단에 등장하게 되어 더욱 관우 신격화에 영향을 미치게 된다. 예를 들면 관우가 치우를 물리쳐 세상을 구한 이야기는 희곡으로 재연되었다. 명대 맥망관(脈望館)의 필사본《고금잡극(古今雜劇)》 가운데 무명씨의 잡극인《관운장대파치우(關雲長大破蚩尤)》가 있는데, 이 작품에는 관우가 치우를 물리쳐 세상을 구한 대가로 해주에 관공의 묘가 세워지고 숭녕진군으로 봉해진 이야기가 들어 있다. 이미 민간의 문예와 문학이 역사적 사실과는 관계없이 중국사회에서 계속적으로 관우 신격화와 관우 숭배에 많은 영향을 미쳐왔음을 알 수 있겠다.

4) 고향 상인의 영향

중국 역대 봉건왕조의 통치자들에 의해 사실상 호국의 신으로 추대되었던 관우가 서서히 민간인들의 생활 속의 신으로 자리잡게 된다. 관우는 죽은 직후에는 원한으로 가득 찬 귀신으로 구천을 떠도는 귀신 수준에서 먼저 지역 민간인의 마음속에 고향신으로 자리 잡게 되고 이후 점차로 여러 요인에 의해 무신과 충의의 신으로 모셔져오다 마지막으로는 민간인들 생활 속의 상업신이나 재물신으로 자리매김하여 오늘날까지도 중국사회는 물론이고 해외에까지 영향을 미치고 있다.[14] 이처럼 관우가 생활 속 재물신, 상업신으로 변신하여 민간인들

---

14) 蔡東洲 文廷海 著《關羽崇拜硏究》(巴蜀書社 2001년 9월), 馬書田 馬書俠 著《全像關公》(江西美術出版社 2008년 1월) 등 참조.

에게 더욱 실질적인 위대한 신으로 각광받게 된 것은 산서상인(山西商人)의 역할이 컸다고 할 수 있다.

관우의 고향인 해현은 바로 산서성 해주이다. 이 곳은 예로부터 소금이 나던 중요한 지역이었다. 그 중요성은 일찍부터 정부로부터 인정받아 왔기에 언제나 특별한 관심의 대상이기도 하였다. 남송의 여조겸(呂祖謙)은 해주의 염전 수익이 나라의 재정에 절대적 영향을 미친다고 했을 정도였다.[15] 더구나 산서성은 고지대에 위치하여 농산물의 생산이 여의치 않아서 일찍이 다른 지역과 교류하는 상업이 발달하였다.

소금을 전매하던 산서상인들은 엄청난 부를 축적하여 나중에는 곡물, 직물, 금융에까지도 영향을 끼쳐 명청대에 이르러서는 중국 전역의 경제를 지배하게 된다. 해주상인들은 자신들의 고향 출신인 관우를 수호신처럼 모셨고, 관우숭배의 정신은 산서상인을 통해 그들의 발길이 닿는 중국 전역으로 상업신의 성격을 띠면서 퍼져나갔다. 사실 산서상인이 취급했던 주된 품목은 운성의 해지에서 생산되는 소금이었다. 한대부터 소금은 국가적 중요성 때문에 정부의 관리 하에 있었지만 산서상인들은 밀매를 통해 막대한 부를 축적하였다. 이들은 전국적인 조직망을 구축하여 그들의 권익을 확대해나갔다. 산서상인들은 강한 향토애를 바탕으로 하여 조직적 체계를 구성하여 타지에서도 동향 출신끼리 연을 맺고 공존을 도모하며 고향을 떠나 장사하러 온 사람을 적극 도와주며 조직을 더 공고히 해나갔다.[16]

15) 呂祖謙, "惟海鹽與解池之鹽, 最資國用." : 胡小偉, 「三教圓融與關羽崇拜」(『三國演義學刊』(荊州市三國演義研究會) 2001年 第2期) 5쪽 참조.

16) 이마이이즈미 준노스케, 앞의 책, 345-347쪽 참조.

이리하여 산서상인들은 서양의 길드와도 같은 조직을 결성하였고, 자신들의 사업이 확장되자 그들의 결속력을 더 굳건히 하기 위해, 회합이나 숙박 장소를 필요로 하게 되었다. 이 회합의 장소에 자연스레 관우신을 모시고 제를 올리게 되었는데 이것이 각 지역 관제묘의 출발이 된 것이다. 이후 관제묘는 관우의 지위가 국가적 차원의 신이 된 뒤부터는 상인은 물론이고 국가차원에서 곳곳에 지어지게 된다.[17] 이런 각 지역의 관제묘는 관우신격화를 주도하고 관우숭배를 뒷받침하고 세력화하게 된다. 나아가 전 중국에 관우숭배를 현실적으로 가시화 구체화하는데 중추적 역할 하게 된다. 관우 고향 상인들의 작은 목적에서 시작되어진 관우사랑이 이후 관우 신격화와 관우 숭배 현상 조성에 큰 영향을 미치었던 것이다.

3. 관우 문화 현상의 의의

이상에서 살펴 본 요인들에 의해 형성되어져 계층과 종교 지역을 뛰어넘어 오늘날 전국민적 문화현상이 되어버린 관우문화는 중국 사회와 종교적 측면에서 여러 가지 의의를 지니게 된다.

1) 사회

관우숭배는 기본적으로 통치계층의 지도이념인 유가문화를 핵심으

---

17) 蔡東洲 文廷海 앞의 책, 馬書田 馬書俠 앞의 책 참조.

로 하는 것이며 통치이념인 정통유가에 대한 일종의 강력한 보완이기도 한 것이다. 결국 이런 통치계층의 통치적 차원의 필요에 의한 관우숭배는 통치 구조와 철학을 뛰어넘는 초이념적 역할을 하게 된다. 이는 사회주의 체제가 국가의 근간인 오늘날 중국에서까지 관우숭배가 이어지고 있음에서도 잘 알 수 있겠다. 이런 현상이 중국 전통사회와 민간에 끼친 영향은 대단하였다.

그 연원을 살펴보면 대략 8세기 당나라 중엽부터 민간의 이야기꾼들이 도시의 인구 밀집지역에서 상업성 연출을 하며 각종 장편 혹은 단편 고사를 강창(講唱)하였는데, 송대 민간에서는 이미 삼국고사가 유행하였다. 강창예술 '설삼분(說三分)'은 전적으로 한 말의 삼국고사를 강창한 것이었다. 북송의 도시생활은 대단히 번영하여 민간의 설창예술은 대단한 발전을 이루어 희곡, 평서(評書), 그림자극 등의 많은 민간 기예와 문예가 다투어 번성한 도시의 크고 작은 공연장과 극장에서 거의 매일 공연되었다. 이 때 유행했던 그림자극에서의 관우형상은 민간인들에게 큰 감동을 주었다. 원대 잡극(雜劇)에서는 삼국희(三國戱)가 주요한 부분이었는데 《원곡선(元曲選)》에 기재된 삼국이야기를 주제로 한 잡극이 60여 종이나 되었다. 그중 관우를 주인공으로 한 것이 《단도회(單刀會)》·《삼영전여포(三英戰呂布)》·《천리주단기(千里走單騎)》·《쌍부몽(雙赴夢)》·《도원결의(桃園結義)》·《고성회(古城會)》·《단도벽사구(單刀劈四寇)》 등 10여 종이나 되었다. 이후 원 영종(英宗)때에 문인에 의해 삼국이야기를 정리하여 출판된 《삼국지평화(三國志平話)》에는 《연환계(連環計)》《관우천리주단기(關羽千里走單騎)》 등 관우를 소재로 한 더 많은 이야기가 보다 더 구체화되어 실려 전해지게 된다.[18] 이어 명청의《삼국연의》[19]에 이르면 관우형상은 예술적 가공을 거쳐 불후의 인물로 창조되어 진다. 이와 같이 관우이야기는 송원의 민간 기예와 문예를 거쳐 원에서는 민간문학의 영역으로 들어가게 되고 명청에는 사대부문학과 견줄만한 수준의 문학으로 한 차원 높이 승격되어 관우 문화 현상의 큰 요인이 된다.

이처럼 관우는 이성적 인격으로서 민간사회에 영향을 주어 민간인들로 하여금 살아있는 형상감과 미적 즐거움을 누리게 해주었다. 민간의 이런 분위기를 통치에 활용하고자 한 통치계층이 전략에 의해 의도적으로 관우를 피지배계층의 정서에 맞는 문화현상으로 승격시켜 민간인들을 유인하자 이에 민간인들은 한없이 이끌려 들어가 관우숭배의 주된 세력이자 신도가 되어버린 것이다. 결국 민간에서의 관우를 이용한 민족적 단결과 정서적 결속은 계층과 지역을 뛰어넘어온 민간사회 구성원 간에 친근감을 가지게 한 사회적 의의를 지닌다고 할 수 있겠다.

2) 종교

관우숭배는 역사속의 실존인물 관우의 기본적 자질이 근원이고 이후 문학에서 창조되어진 관우형상이 기본이 되었지만 종교적 부분의

18) 馬書田 馬書俠 著, 앞의 책, 78-81쪽 참조.

19) 明 嘉靖 元年(서기 1522년) 羅貫中의《三國志通俗演義》가 출판되고, 淸 康熙 년간(서기 1662년) 毛宗綱 부자가 나관중의《삼국연의》를 비평 수정하여 다시 출판하였다.

작용과 요소가 없었다면 완성될 수 없었을 것이다. 관우에 대한 믿음이 종교와 만나면서 신앙의 수준으로 도약하게 되고 결국은 현실을 뛰어넘는 신으로 모셔지게 된다.

사실 처음 관우의 죽음 이후 옥천산에 사당이 세워져 제사지내며 모셔질 때만 해도 그저 한 지역에 영향 있는 지역신 정도에 불과하였다. 전혀 도교나 불교의 신앙수준에 못미치는 민간 신앙이었을 뿐만 아니라 지역의 산신, 토지신 등 토착신보다도 영향력이 컸던 것은 아니었다. 민간에서 관우가 차지하고 있던 지위가 겨우 이런 정도였었는데 신선이 속세에 내려왔다든가, 천신이 환생한 것이라는 등의 민간 전설이 생겨나면서 변화하기 시작했다. 관우 출생과 관련된 전설[20]만 보아도 알 수 있듯이 민간전설 속에서 관우는 특별한 존재로 어느새 미화되어져 갔다. 게다가 이런 특별한 존재 관우에 대한 관심과 사랑이 민간에서 호응을 받아 민간기예를 통해 민간문예 속으로 들어가면서 서서히 민간에서 보편적으로 인정받는 관우우상이 탄생되어졌던 것이다.

그것은 문성(文聖) 공자처럼[21] 엄격한 체계나 깊은 사상, 더구나 《춘추》·《논어(論語)》와 같은 저술이나 경전도 없는 연민의 감정이어서 지식인계층에 의해 영원히 존경받는 것은 아니었지만 나름의 그 어떤 매력이 작용해 서서히 민간 사회와 민간인들에게 적응되어져 갔던 것이다. 유가나 도가의 도(道)가 아닌 관우의 도 개념이 형성되어 생활

20) 史簡 編著,《三國人物外傳》(北京; 中國民間文藝出版社, 1989), 117-124쪽.

21) 중국에서는 孔子를 文聖으로 關羽를 武聖으로 모시고 있다.

속에서 정신적 미덕이 되어 갔다. 이런 가치는 개인의 가치가 되어 사회가치로 나타나게 되고 바로 일종의 도덕 가치로 표현되어 도덕윤리가 되어졌던 것이다. 결국 관우의 도는 전체 사회의 표준이 되어 윤리도덕으로 승화되어 사회의 정신적 지표가 된다.

이런 보편적 정서와 분위기는 각자의 종교 전파를 위해 종교인들에 의해 조장되어진다. 농경문화 민족으로서 민족성격상 내세관이 부족했던 중국인들에게 보다 효과적인 전도 방법으로, 종교적 요인으로 인한 직접적 접근과 포교는 뒤로하고 민간인들에 거부감을 주지 않고 쉽게 다가갈 수 있는 관우를 활용하여 각 종교를 전하기 시작하였던 것이다. 이리하여 유불도(儒佛道) 삼교는 서로 관우를 각자의 종교에 끌어들여 중국인들의 관우숭배에 큰 작용을 하게 된다.

관우는 널리 알려진 '관우현성(關羽顯聖)' 이야기는 물론이고 소설 《삼국연의》만 보아도 불교의 전파와 깊은 관계가 있음을 알 수 있다. 불교는 대략 동한말엽 중국에 전래되어 귀족 지식인계층을 중심으로 포교되어 졌다. 처음 불교가 들어와 전래되어질 때는 개인적 성찰을 중요시하는 교리나, 경전 자체의 문자적 난해함 등이 작용하여 민간인들 보다는 귀족 등의 통치계층에 대한 전래가 그 주된 흐름이었다. 이러다보니 위진(魏晋)대의 불교는 귀족 취향의 성격이 많았다. 이런 위진대의 귀족적 성격의 불교가 당대에 이르러 변화를 맞이하게 된다. 당 왕조가 유가사상을 통치지배 이데올로기로 채택하게 되자 불교를 믿던 당의 귀족 사대부들은 갈등을 하다 유가 통치이데올로기 속으로 빠져들어 불교를 멀리하게 된다. 이처럼 당에 이르러 유가가 새로이 통치계층의 지배이데올로기로 다시 확립이 되자 불교는 이러한 새로운 국면 속에 변화를 시도하여 민간 속으로 불교를 전파하는 불교의 대중화를 시도하게 된다. 이 불교의 대중화를 실현하기 위해 관우신앙을 활용하여 민간인들에게 다가갔던 것이다. 인도로부터 들어온 외래종교 불교는 중국 민간에 전래하기에 문화적 사회적 환경의 차이와 어려운 경전이 큰 걸림돌이었다. 이를 극복하기 위해 쉽게 민간에 접근할 수 있는 어떤 매개가 필요했던 것이다. 이에 경전의 난해함을 해결하기 위해 이후 문학에 큰 영향을 미친 속강(俗講)과 강창의 방식을 활용하였고 정신적 문화적 면에서 관우를 활용하였던 것이다. 즉 불교의 대중화 과정에서 인도로부터 들어온 외래 종교 문화와 중국 토착인들과의 공유점으로서 관우를 활용하였던 것이다.

도교는 유교와 더불어 중국의 전통적인 양대 종교의 하나였다. 중국의 전통적 시각에서 보면 관우신앙은 사실상 도교에 속하는 것이다. 관우사당 또한 도교에 의해 관장되어 왔기에 관우는 도교와 가장 밀접한 관계에 있다 하겠다. 한 대에 유가가 통치지배 이데올로기로 채택되어진 이후 국가의 기반이 되어 통치계층의 정신세계를 장악하고 사회의 주요부분에 큰 줄기로 자리매김 하게 된다. 이럼에도 불구하고 도교는 국가의 통치방향과 이념에 관계없이 민간에서는 유가를 능가하는 정신적 신앙으로 그 영향력이 계속 되어졌다. 동한 말엽 불교가 중국에 전래되면서 중국인들의 정신적 신앙은 또 하나 늘어나 유도불 삼교가 병존하게 된다. 불교의 전래이후 삼교로 병립되던 중국의 신앙세계가 통치계층을 주신도로 하던 귀족불교가 민간대중을 파고들며 대중불교화 되면서 민간대중 종교 영역에서 도교의 경쟁적 요소가 되어 영향을 미치자 도교에서는 다소간의 위기의식이 대두되어 진다. 이에 도교는 도교에 애정있는 송대 통치군주를 활용하여 도교의 민간에서의 지위를 지켜나가게 된다.[22] 송대 도교의 역할로 인해 관우는 황실에 의해 왕으로 추존되어 본격적으로 신격화되어지며 국가차원의 관우숭배가 시작된다. 이런 과정을 통해 도교는 자신들과 가까운 관우의 위치와 존재를 통치계층에 알려 도교의 종교적 지위를 강화했던 것이다.

유가의 입장에서도 관우가 필요하였다. 역사상 관우의 인품과 행위는 유가의 도덕규범과 잘 부합되었기에 통치계층 사대부 유가들의 적극적인 지지를 받기에 충분하였다. 실제로 관우의 행동은 유가기준에 위배됨이 없이 유가문화의 도덕원칙을 잘 실천하였다. 사실 유가 지배이데올로기로 세상을 이끌어 온 중국의 전통봉건 왕조는 잘 정리되어진 이 유가통치이념을 세상에 어떻게 더 잘 실현할 수 있을까하는 사회실천이 역대로 주요한 과제였다. 특히 줄곧 강한 북방민족의 위협에 시달리고 있었던 송나라는 북방에 대항할 수 있는 강한 나라를 만들기 위해 세상을 안정시키고 사회구성원들의 결속과 일체감을 위해 공감대 형성이 필요하였다. 이 때 민간사회 속에서 존재하고 있던 관우라는 인물을 발견하였던 것이다. 특히 유가의 이념과도 잘 부합되는 관우의 충의사상을 발굴해내어 부양시켜나간 것이다. 이를 통해 기존 공자사상만으론 다 채울 수 없었던 중국 민간인들의 마음 속 다른 한 부분을 관우를 계속 추존해가면서 그의 충의로써 채워나갔던 것이다. 즉 관우숭배를 활용하여 유가사상의 실천 부분을 보완하였

22) 太宗, 眞宗, 徽宗 등이 도교와 가까웠는데, 徽宗이 특별히 가까웠다. 蔡東洲 文廷海 著, 앞의 책, 92쪽.

던 것이다. 결국 관우의 출현은 유가문화를 민간인들에게 어느 정도 친근하고 알기 쉽게 만들었고 충의는 누구나 할 수 있고 또 실행해야만 하는 것으로 인식하게 하였던 것이다. 충의로 대표되어지는 그의 감성적 형상은 이성적인 공자문화에서 볼 수 없었던 매력을 지니고 있었던 것이다. 이를 통해 유가문화는 전 중국 사회에 새로운 도덕적 심리구조를 조화롭게 조성하게 되었던 것이다. 유가와 관우숭배와의 만남이 가장 늦게 이루어졌지만 결국 이로 인해 관우는 비로소 전민족적 지위를 확립하게 된 것이다.[23]

종교 사상적 측면에서 관우숭배를 정리해보면 민간인들의 신명 숭배는 관우신앙의 기반이 되었고 불교 도교는 차원 높은 정신적 세계를 불어넣었고 유가는 도덕원칙에 바탕하여 관우에게 영혼을 만들어 국가차원의 신으로 공인해주었다.

이처럼 유불도 삼교는 각자의 필요에 의해 민간 사회에서 민간신앙으로 추앙되고 있던 관우를 종교적 영역의 신으로 격상시켜 갔다. 이에 인간의 영역을 초월한 관우는 신이 되었고, 중국인들의 머릿속에 내세에 대한 인식 생겨나게 되어 그에 따라 숭배대상에 대한 신비한 인식이 전제됨에 따라 절대자에 대한 기복의 마음을 지니게 되어 종교적 차원의 사유능력이 생겨나게 되었던 것이다. 전통 중국인들의 종교와 사상체계에서 찾아볼 수 없는 삼교를 초월하는 관우신이 탄생되어 그들의 정신영역 한 구석에 자리하고 있던 종교적 욕구에 대한 보완을 한 종교 사상적 측면에서 의의를 지닌다 하겠다.

23) 胡小偉, 앞의 논문, 7쪽.

제8장
중국 고전시가와 관우

관우숭배는 관우가 죽은 이후부터 어느새 인지 모르게 시작되어 어느 순간 중국에서는 전 민족적 문화현상이 되어버렸다. 이 관우숭배는 분명 민간에서 먼저 시작되어 이후 종교인들과 통치자들에 의해 그 의미와 지위가 높아진 것은 사실이지만 여전히 민간에서의 관우숭배가 그 주류를 형성해 왔고 아무래도 사대부계층에서는 문성 공자의 벽이 높아 공자를 뛰어넘는 성인으로 추대 받지는 못한 것 같다.

그러면 관우에 대한 사대부계층의 생각은 어떠했을까? 관우숭배현상은 과연 민간인들만의 것이었을까? 중국 전통 문인사대부들의 생각이 잘 반영된 문학인 고전시가 속에서 그 답을 찾아 그들이 생각한 관우의 모습을 살펴보고자 한다.

관우문화는 민간과 깊은 관계가 있다 보니 대개의 민간문학이 그러하듯 관우를 소재로 한 시가가 각종 시집과 지방지 등에 산재되어 있어 정리하기가 쉽지 않다. 명청이래 관우와 관련된 시가를 기록한 것을 대략 살펴보면; 명대의 초횡(焦竑) · 조흠탕(趙欽湯) 등이 편찬한『한전장군관공사지(漢前將軍關公祠志)』권(卷)9『예문지하(藝文志下)』에 수록된 찬(贊) 13수, 송(頌) 1수, 가(歌) 4수, 부(賦) 3편, 시(詩) 81 수가 있다. 청대 장진(張鎭)이 편찬한『해량관제지(解梁關帝誌)』권(卷)4『예문하(藝

文下)』에 수록된 시(詩) 104수, 가(歌) 4수, 부(賦) 2편, 송(頌) 3편, 찬(贊) 15수, 대련(對聯) 22부가 있다. 주광업(周廣業)·최응류(崔應榴)가 편찬한 『관제사적징신편(關帝事迹徵信編)』 권(卷)29 『시사(詩詞)』에 수록된 시 76수, 사(詞) 6수 등이 있다. 이 책들에 수록된 시가는 대체로 비슷하며 명대 시가의 수량이 가장 많다.[1]

주로 소설의 내용을 반영한 시를 중심으로 중국 문인들이 그들의 시가에서 나타내려한 관우의 모습은 어떠한 것인지를 살펴보겠다.

관우와 삼국시대를 소재로 한 문인들의 시가는 시의 전성기인 당대 시인들의 시속에서부터도 보인다. 관우를 비롯한 삼국이야기는 당대에 이르러 본격적으로 민간에서 다양한 형태로 변화되어지며 더욱 보편화 되어졌기에 문인들에게도 좋은 시작(詩作) 소재였을 것이다. 당대 대시인 시성 두보(杜甫)는 삼국의 역사적 사실에 많은 관심이 있었던 것 같다. 그는 「촉상(蜀相)」[2]을 지어 제갈량을 그리워했고, 「봉기장십시어(奉寄章十侍御)」[3]에서는 역사 속 관우행적의 가치를 인정하고 다

1) 劉海燕, 『從民間到經典』, 上海, 上海三聯書店, 2004, 139쪽. 시가 원문은 『解梁關帝誌』(宋萬忠 武建華 標點注 釋, 太原, 山西人民出版社, 1992)에 근거하였고, 관우문화의 민간적 특성상 문헌상의 출전 확인이 쉽지 않아 확인할 수 없는 시가의 원문은 劉海燕이 앞의 책 138-156쪽에서 정리하여 인용한 시가를 참고하여 재인용하였다.

2) 杜甫, 「蜀相」: "丞相祠堂何處尋? 錦官城外栢森森. 映階碧草自春色, 隔葉黃鸝空好音. 三顧頻煩天下計, 兩朝開濟老臣心. 出師未捷身先死, 長使英雄淚滿襟." 류종목 외 역, 『시가』, 서울, 명문당, 2011, 393-394쪽

3) 杜甫, 「奉寄章十侍御」: "淮海維揚一俊人, 金章紫綬照青春. 指揮能事迴天地, 訓練强兵動鬼神. 湘西不得歸關羽, 河內猶宜借寇恂. 朝覲從容問幽仄, 勿云江漢有垂綸." 김만원 외 저, 『두보전집』, 서울, 서울대학교출판문화원, 2010, 799쪽

른 인물에까지 비유하며 그를 추존하였다. 또한 만당 시인 이상은(李商隱)의 시가[4]에서도 삼국이야기가 보이는 것처럼 민간인들에게만 인기가 있었던 것이 아니고 문인들에게 있어서도 삼국시대 역사나 인물은 상당한 관심거리였기에 그들의 시가 속에 자연스레 등장하였던 것이다.

특히 소설이 유행했던 명대의 문인 시가 속에서 소설에서 꾸며진 이야기가 보여지고 있는 것을 보면 문인들의 관심을 잘 알 수 있다. 왕명(王明)의 「알해주묘(謁解州廟)」를 보면,

> 탕구 장군 관우는 백세의 영웅으로,
> 도원은 여전히 옛 시절의 맹세를 기억하는 것 같구나.
>
> (蕩寇將軍百世英, 桃園猶憶舊時盟.)[5]

라고 하고 있는데, 탕구장군이란 관우가 유비로부터 제수 받은 직위이다.[6] 《삼국연의》의 앞 부분에 나오는 도원에서 유비, 관우, 장비 세 사람이 같은 날 태어나지는 않았지만 죽기를 같이하겠다고 맹세한 '도원결의(桃園結義)'를 언급하고 있는 것이다. 사실 이 도원결의 이야기는 실제 사실이 아니고 소설에서 꾸며진 이야기이다. 민간인들의 소설내용에 대한 맹목적 수용에다 이와 같은 문인들까지 인정하는

---

4) 李商隱, 「驕兒」: "或謔張飛胡, 或笑鄧艾吃."(『全唐詩』卷五四一)

5) 《解梁關帝誌》 卷四 《藝文下》, 앞의 책, 314쪽.

6) 陳壽 撰, 裴松之 注, 『三國志·關羽傳』(長沙: 岳麓書社, 2006), 634쪽 : "先主收江南諸郡, 乃封拜元勳, 以羽爲襄陽太守, 蕩寇將軍, 駐江北."

듯한 태도는 더욱 소설 속 삼국관련 이야기를 사실인 것처럼 인식하게 하여 오늘날까지도 중국에서는 마치 당연한 역사 속 사실인 것처럼 받아들여지고 있다.[7]

명대 이지(李贄)는 일찍이 민간인들의 관우숭배 분위기를 잘 알고 있었고, 그 역시 관우에 대한 찬사를 마다하지 않고 칭송한 바 있다.[8] 나아가 그는 「과도원알삼의사(過桃園謁三義祠)」에서 사실여부를 떠나 유비 관우 장비 형제의 결의에 대해 아낌없이 칭송하며 의미를 부여하였는데 살펴보면,

> 세상 사람들의 사귐에는 반드시 재물이 있어야 하는데,
> 재물이 많지 않으면 그 사귐 또한 깊지 않게 된다.
> 누가 알겠는가 도원에서 세 사람의 결의는
> 재물로도 그 함께한 같은 마음을 흐트러뜨릴 수 없음을?
> 내가 사당에 와서 제를 올리며,
> 옛 일을 생각하니 눈물이 옷깃을 적시려 하는구나.
>
> (世人結交須黃金，黃金不多交不深.
> 誰識桃園三結義，黃金不解結同心?
> 我來拜祠下，弔古欲沾襟.)[9]

라고 하며 '도원결의' 이야기를 들어 물질적 이해만을 추구하는 세속

7) 桂郁 主編,《樓桑三義宮》(涿州: 涿州文化叢書, 2001), 참조.

8) 李贄,「關王告文」: "蓋至於今日, 誰男女老少, 有識無識, 無不拜公之像, 畏公之靈, 而知公之爲正直, 儼然如在宇宙之間也."《焚書/續焚書》(臺北; 漢京文化事業有限公司, 民國73年), 119쪽.

9) 劉海燕, 앞의 책, 142쪽.

의 세태와 세상인심을 대비시키며 풍자적으로 비판하고 있는 것이다. 이지는 이처럼 훌륭한 도덕적 교훈을 세상에 알림에 있어 이미 세속에 잘 알려져 있던《삼국연의》소설 속 허구적 이야기를 들어 그 가르침을 전하고자 하였던 것이다. 민간인들이 이야기의 재미에만 빠져드는 것과는 달리 비록 꾸며진 허구적 이야기라 할지라도 도덕적 교육 자료로 활용하는 문인 지식인들의 다른 면모를 볼 수 있겠다.

《삼국연의》66회를 보면 손권과 노숙(魯肅)이 형주(荊州)를 되찾기 위한 계략으로 관우를 초청한 위장 연회에 관우가 홀몸으로 참가하는 '단도부회(單刀赴會)' 이야기가 잘 묘사되어 있다. 수많은 손권의 군사가 매복되어 있는 위험한 장소임을 뻔히 알면서도 관우는 두려움 없이 늠름하게 응해 그들의 계략을 무력하게 만들어 버린다. 이 이야기 속에 묘사되어진 관우의 기개와 기상에 대해서 이춘광(李春光)은「알무안왕(謁武安王)」에서

칼 한 자루만 들고 노숙의 연회에 가고,
큰 배로 조인을 곤경에 빠뜨렸네.

(單刀會魯肅，巨艑困曹仁.)[10]

라고 하며 '단도부회' 이야기 속 관우의 용맹스런 기상을 칭송하고 있다. '단도부회' 또한 역사 속의 기록에는 없는 이야기이지만 소설《삼국연의》에서 잘 꾸며져 민간인들에게 수용되어졌던 것인데 이처럼 문

10)《解梁關帝誌》卷四《藝文下》, 앞의 책, 309-310쪽.

인들조차도 사실인양 시가 속에서 언급하고 있는 것이다.

관우의 장수로서의 용맹에 대하여는 역사서 《삼국지(三國志)》의 백마 전투 기록[11]을 보면 잘 알 수 있다. 또 관우의 용맹스러움을 세상 사람들이 잘 알게끔 한 데는 《삼국연의》 소설 속에서 잘 꾸며진 '오관육참(五關六斬)' 이야기가 큰 역할을 했다고 할 수 있겠다. 어쩜 역사 속 백마전투보다 더 용맹스러워 보이게 한 부분이기도 하다. 이 이야기 역시 역사서 《삼국지》에 "관우는 조조가 내린 상을 모두 봉하고 고별의 편지를 써 놓고 원소 군대에 있는 유비에게로 달려갔다. 조조의 측근들이 그를 추격하려 했지만 조조가 말하길 '사람은 각자 그 주인이 있으니 추격하지 마시오'라고 했다."[12]는 간단한 기술이 소설 《삼국연의》 27회에서 파릉교에서의 아름다운 이별 이야기로 그려져 있다. 즉, 관우가 이런 아쉬운 이별을 뒤로하고 대단한 용맹을 발휘하며 조조의 여러 맹장들을 베어 버리고 유비를 향해 달려가는 너무나도 당당하고 멋있는 이야기로 각색된 것이다. 이 소설 속 다섯 관문을 지나는 이야기를 언급한 명대 노상승(盧象升)의 「과한저관시(過恨這關詩)」를 보면,

천고의 영웅은 이 관문을 한하였는데,
경계가 예(豫)와 초(楚)로 갈라지며 겹겹의 산으로 싸여있네.

---

11) 《三國志·關羽傳》: "建安五年, 曹公東征, 先主奔袁紹. 曹公禽羽以歸, 拜爲偏將軍, 禮之甚厚. 紹遣大將軍顔良攻東郡太守劉延於白馬, 曹公使張遼及羽爲先鋒擊之. 羽望見良麾盖, 策馬刺良於萬衆之中, 斬其首還, 紹諸將莫能當者, 遂解白馬圍. 曹公卽表封羽爲漢壽亭候." 陳壽, 앞의 책, 633쪽.

12) 《三國志·關羽傳》: "羽盡封其所賜, 拜書告辭, 而奔先主於袁軍. 左右欲追之, 曹公曰 : '彼各爲其主, 勿追也.'", 陳壽, 앞의 책, 633쪽.

용천산(龍泉山) 도사들이 고요한 산속을 싫어하니,
새들이 길에서 사람 부르며 오고감을 탄식하네.
검으로 부용을 자르고 몸은 분기를 떨치려,
험준한 골짜기 속에 숨은 뜻은 여전히 남아있구나.
아득히 관우의 당시 일을 생각해 보면,
대대로 강산은 다하였지만 그 때의 어려움을 알겠구나.

(千古英雄恨這關, 疆分豫楚幾重山.
龍泉道士嫌岑寂, 鳥道徵人嘆往還.
劍削芙蓉身欲奮, 幽棲巖壑意仍閒.
遐思壯繆當年事, 歷盡江山識歲寒.)[13]

라고 하였는데, 깊은 갈림길에서 굳건히 자신의 의지를 굽히지 않고 나아갔던 관우의 무용과 의리에 바탕한 굳은 절개를 잘 이해하고 그에 대해 찬사를 보내고 있는 것이다. 비록 허구적 이야기 속의 관우 모습이지만 충의를 행하는 인물형상에 대하여는 민간인들과 마찬가지로 문인지식인들까지도 칭송과 존경의 태도를 아끼지 않고 있음을 알 수 있겠다.

원매(袁枚)는 시가를 평론한 《수원시화(隨園詩話)》에서 다음과 같이 《삼국연의》에 대해 평을 하고 있다.

최염릉 진사는 시적 재능이 대단히 뛰어나다. 아쉽게도 오언고시 한 편만 남아 있는데, 관우가 화용도에서 조조를 놓아준 일을 책망하는 것이다. 이는 연의소설의 제제이지만 어찌 가히 시가 속에 들어가지 않겠는가?

13) 劉海燕, 앞의 책, 143쪽.

(崔念陵進士, 詩才極佳. 惜有五古一篇, 責關公華容道上放曹操一事. 此小說演義語也, 何可入詩?)[14]

《삼국연의》 50회를 보면 적벽대전에서 대패한 조조가 패주하는 과정에 화용도에서 관우를 만나 절대절명의 위기에 처하게 되나, 관우가 조조로부터 입은 지난날의 은혜를 생각해 그를 놓아준다는 이야기가 감동적으로 그려져 있다. 이처럼 세상에 널리 역사적 사실처럼 알려져 있는 화용도 이야기는 소설 속에서 상당히 꾸며진 이야기이다. 허나 원매는 이처럼 역사 속 단지 몇 구절의 기록[15]에 근거해 소설 속에서 꾸며낸 화용도 이야기가 문인시가의 소재가 되고 있는 것에 대해 주목하며 지적을 하고 있는 것이다. 또한 소설 《삼국연의》의 허구적 이야기가 문인시가에 들어갈 만한 충분한 가치가 있음을 인정하고 있는 것이다.

이런 문인들의 인식이 있다 보니 당시 성행한 관우의 인기에 부합하여 소설 속에서 꾸며진 관우 관련 이야기는 나날이 문인들의 시가 속에 많이 들어가게 되었던 것이다. 또한 이런 소설 속 허구적 이야기가 문인들의 시가 속에 그대로 반영되어지다 보니 역사 속 진실과 허구의 경계는 상당히 모호해져 비판력이 부족했던 민간인들에게 점차 유사역사로 인식되어 자연스레 역사인 것처럼 받아들여져 갔던 것이다. 문인지식인들 조차도 소설 속 허구로부터 비롯된 관우형상임에도

14) 袁枚 著, 雷芳 注譯, 《隨園詩話》 卷五(武漢: 崇文書局, 2007), 78쪽.

15) 《三國志》 卷1 「武帝紀」 : "《山陽公載記》 曰: '公船艦爲備所燒, 引軍從華容道步歸, 遇泥濘, 道不通, 天又大風, 悉使羸兵負草塡之, 騎乃得過.'" 陳壽, 앞의 책, 23쪽.

불구하고 시가 속에 자연스레 언급하고 있는 것을 보면 관우문화 현상의 파급력을 가히 짐작하게 해주며 실로 계층을 뛰어넘는 문화현상임을 알 수 있게 해주는 부분이기도 하다.

전통 문인들은 민간인들과 마찬가지로 기본적 역사관점이 촉한 중심적이어서 유비와 장비는 우호적으로 묘사하였고 관우에 대해서는 신격화 내지는 숭배적 경향까지 지니면서도 상대적으로 조조, 손권 등에 대하여는 비우호적 태도를 견지하고 있었던 것이다. 이처럼 관우문화는 민간인 계층 뿐만 아니라 사대부계층에서도 용인되어지는 보편적 현상이었던 것이다.

이러한 문인사대부들의 관우에 대한 추존과 인정은 민간인들에게 적지 않은 영향을 미쳤을 것이다. 중국의 전통 봉건사회 질서 속에서 상부계층인 동시대 문인들의 관우에 대한 평가는 하부계층인 민간인들에게는 모범이자 따르고 모방하고 싶은 차원 높은 문화로 여겨졌을 것이다. 이런 사대부들의 태도는 민간인들의 관우숭배의 한 요인이 되어 관우 문화 현상을 자극하는 작용을 하였던 것 같다. 결국 중국의 관우숭배현상은 전통사회 속에서 계층을 뛰어넘는 전 국민적, 민족적 문화현상이었음을 알 수 있겠다.

유가적 가치관을 지닌 문인사대부들은 유가적 삶을 살았던 관우라는 인물에 대한 기본적 인식이 긍정적이다 보니 소설 등을 통해 형성된 관우의 인간적 인물형상에 대해서 민간인들과 마찬가지로 훌륭한 도덕적 품성을 지닌 존경과 숭배의 대상으로 인정하고 있다. 동시에 그가 신적 능력을 지니고서 나라와 세상 사람을 보호하는 전쟁신, 호국신 등의 수호신 역할을 하는 신격화된 형상에 대해서도 역시 충분히 인정하고 있다. 그러나 민간인들과는 달리 종교적 수준의 구원을 바라는 내세관이나 생활 속의 어려움 해결을 바라는 기구감 등은 보이지 않는다. 관우의 인격을 뛰어넘는 신격 능력까지 인정하고 믿고 따르지만 일방적 믿음을 추구하지 않고 항상 아쉬움 속에 그를 칭송하며 믿고 따르는 정도에 그쳤던 것이다. 개성을 살려 표현하되 관우형상 속의 부정적 부분보다는 자신들이 생각하는 이상적 부분만을 형상화시켰던 것이다. 이는 문인사대부들의 자존심이자 인식의 한계라고도 할 수 있겠다.

여하튼 문인지식인들의 시가에 반영된 관우형상을 보면 문인들의 이런 인식은 분명 민간인들에게 영향을 미쳐 관우숭배 문화 형성에 역할을 하였을 것으로 생각되어 진다.

제9장 우리나라의 삼국지 수용

1. 우리나라의 소설《삼국지》수용

소설《삼국지》가 우리나라에 언제 처음 전래되었는지 그 정확한 시기는 알 수가 없다. 고려 말에 중국어 교과서인《노걸대(老乞大)》에 고려 상인이 북경에서《삼국지평화(三國志平話)》를 사는 내용이 들어 있고, 같은 시대에 편찬된 또 다른 중국어 교과서《박통사(朴通事)》에는《서유기(西遊記)》에 관한 기록이 있는 것으로 보아, 고려 시대 사람들이 중국 장회소설을 즐겨 읽었음을 짐작할 수 있다.

소설《삼국지》에 대한 최초의 기록은《조선왕조실록》선조 2년(1569) 6월 기사를 보면, 시독관(侍讀官)이었던 기대승(奇大升)이 선조 임금이 소설《삼국지》를 읽는 것을 못마땅하게 여겼다고 적고 있다. 그러니 분명 1569년 이전에 소설《삼국지》가 조선에 전해진 것이다. 현재까지 알려진 소설《삼국지》의 텍스트 가운데 가장 빠른 가정본이 1522년에 출판된 것이니, 그 후 얼마되지 않아 우리나라에 전래되어진 듯하다.

소설《삼국지》에 대한 또 다른 기록을 찾아보면, 김만중(金萬重,1637-1692)이《서포만필(西浦漫筆)》에서 "소위《삼국지연의(三國志演義)》라는 것은 원나라 사람 나관중에게서 비롯하여 임란 후 우리 해동에서 크게 성행하여 아이들이나 부인네들도 모두 능히 외울 수 있다."고 하였고, 조수삼(趙秀三, 1762-1845)의 《추재집(秋齋集)》에는 서울 동대문 밖에 사는 전기수(傳奇叟, 직업적 이야기꾼)가 매일 장소를 바꿔가며 구연했다고 적고 있다. 이 외에도 《삼국지》에 나오는 어떤 인물이나 사건에 중심을 두고 그 일부 이야기를 우리말로 옮긴 소설인 《관운장실기(關雲長實記)》《화용도실기(華容道實記)》《조자룡실기(趙子龍實記)》 등이 임진왜란 이후에 많이 등장하였고, 조선 시대 소설인 《임진록》《구운몽》《옥루몽》에도 소설 《삼국지》 내용을 일부 인용한 곳이 있다.

소설 《삼국지》는 고려 시대부터 오늘날에 이르기까지 전문 이야기꾼의 구연이나 책의 형태로 우리나라에 꾸준히 수용되어 왔다. 아마 우리나라에 가장 오랫동안, 가장 큰 인기를 끈 외국의 소설 작품은 바로 《삼국지》일 것이다.

2. 《삼국지》의 판본과 번역

1) 《삼국지》의 판본

명청(明淸)이래 출간된 소설 《삼국지》의 텍스트 수는 오늘날 남아 있는 것만도 100여종이 넘는데, 아마 당시에는 이보다 훨씬 더 많았을 것이다. 주목할 만한 점은 백여 종이 넘는 텍스트들 가운데 자구(字句)가 완전히 일치하는 건 하나도 없다는 것이다. 아마도 당시에도 출판 경쟁이 심하여 각 출판업자마다 서로 독자적인 책을 내어 고객의 관심을 사고자 했기 때문일 것이다.

이와 같은 백여 종의《삼국지》텍스트 가운데 가장 중요한 판본은 나본(羅本)과 모본(毛本) 두 가지다. 나본이란 명나라 가정(嘉靖)년간(1522년)에 나관중의 이름으로 간행된《삼국지통속연의(三國志通俗演義)》이고, 모본은 청나라 강희(康熙)년간(1662년)에 모륜(毛綸)과 모종강(毛宗崗) 부자 가 나본을 개정하여 만든《모종강평삼국지연의(毛宗崗評三國志演義, 모종강이 비평한 삼국지연의)》이다. 나본과 모본은 둘 다 유비를 옹호하고 조조를 반대하는 촉한정통론(蜀漢正統論)을 취하고 있다는 점은 같지만, 편찬 체재에서는 차이가 있다. 먼저 나본은 24권 240칙(칙則은 회回와 비슷함)으로 되어 있고[1], 각 칙마다 7언 1구의 제목이 달려 있다. 반면 모본은 60권 120회로 되어 있고, 각 회마다 7언 2구의 제목이 있다. 나본과 모본은 편찬 체재 외에도 여러 다른 점이 있지만 가장 두드러지는 차이점은 평점(評點)에 있다. 평점이란 문학 작품을 편찬하는 사람이 비평가의 관점에서 제목 밑이나 문장 중간 중간에 마치 주석을 달듯이 자신의 견해를 작은 글씨로 적어 놓는 것이다. 나본에는 없는 평점이 모씨 부자의《삼국지》에 이르러 나타난 것은 청대 당시 유행했던 전통 주석학과 고증학의 영향인 것 같다.

모본은 명대 나본을 바탕으로 하여 청대 독자들의 기호에 맞추어 개정한 것이다. 모본은 출간 당시 독자들에게 널리 환영을 받았을지 모르나, 수차례 개정하는 과정에서 나본의 정확성을 크게 훼손시켰다. 텍스

1) 12권 240칙으로 된 또다른 번각본(翻刻本, 같은 판식을 사용한 책)도 있다.

트의 신뢰도에서 보면 명대 나본이 청대 모본보다 정확하다고 할 수 있다. 모본은 개정판이 등장하면서 개선이 아닌 개악이 되고 만 것이다. 이러한 모본은 청대 이후 300여년동안 꾸준히 독보적으로 출판계를 장악해왔다. 하지만 반복 출판하는 수많은 과정에서도 오류는 시정되지 않고 그대로 전해졌다. 오늘날 삼민서국(三民書局)본 《삼국연의(三國演義)》(1971년 대만에서 초판 발행)에서도 바로잡히지 않고 여전하였다.

2) 《삼국지》의 국내번역

현재까지 국내에서 출간된 소설 《삼국지》 번역서는 50여종이나 되는데 이는 우리만큼이나 삼국지를 좋아한다고 알려진 일본보다도 많은 것이라고 한다. 우리나라의 삼국지 번역서는 대체로 대만 삼민서국(三民書局)에서 발간한 모본을 바탕으로 번역하거나 평역(評譯)한 것이 많다. 예를 들면, 김구용의 《삼국지연의》, 황병국의 《원본 삼국지》, 조성기의 《삼국지》, 이문열이 평역한 《삼국지》 등은 모두 삼민서국본을 저본으로 하고 있다. 이는 1992년 한중수교 이전까지는 중국 대륙의 출판물을 국내에 반입할 수 없어 대만 서적을 원본으로 사용하였기 때문인 듯하다.

김구용의 《삼국지연의》(솔, 2001년 9월)는 20년간의 번역 작업을 거쳐, 1974년 초판이 나온 후 2001년까지 세 차례의 개정본이 출판되었다. 비교적 번역에 충실한 편이지만 어투가 딱딱하여 지루하다는 평을 받기도 한다.

조성기의 정역 《삼국지》(열림원, 2001년 11월) 역시 개인적인 평을 추가

하지 않은 번역본으로, 한자의 사용을 최소화한 것이 특징이다.

이문열 《삼국지》(민음사, 1988년 5월)는 우리나라에서 출판된 《삼국지》 중 가장 많이 팔린 책이다. 이 책은 원문에 대한 충실한 번역이 아니라 평역의 방식을 선택하고 있다. 작가의 필요에 의해 원문의 내용을 가감(加減)하고 재구성하였다. 문장이 매끄럽고 읽기 편하며 소설적 재미가 있다고 하지만 왜곡이나 오역(誤譯)이 상당하다.[2]

한중수교 이후 90년대에 중국 대륙의 많은 《삼국지》가 국내에 소개되기 시작하면서 우리는 기존의 삼민서국본과 비교할 수 있게 되었다. 그 중 삼민서국본과 비슷한 시기에 출간되고 중국 본토에서 가장 널리 보급되어 있는 인민문학출판사(人民文學出版社)본은 나본을 참조하여 모본의 많은 오류를 바로잡은 텍스트이다.

황석영이 번역한 《삼국지》(창작과 비평사, 2003)는 바로 인민문학사본을 저본으로 삼았다. 국내의 《삼국지》 번역본들이 주로 삼민서국본을 참조한 탓에 모본의 오류들을 답습하고 있었는데, 황석영의 《삼국지》는 여러 가지 오류들을 찾아내어 최대한 바로잡으려 노력했다. 원문을 제대로 살리면서 작가 특유의 필력이 발휘되고 있다는 평가를 받는다. 하지만 연변인민문학출판사에서 발간된 《삼국지》와 유사하다는 의혹이 제기되어 논란이 되기도 하였다.

이외에도 이후 삼국지 번역은 끊임없이 지속되어 다음과 같은 번연본이 나왔다. 장정일의 《삼국지》(김영사, 2008), 박태원의 《삼국지》(깊은샘, 2008), 정원기 《삼국지》(현암사, 2008), 박종화 《삼국지》(달궁, 2009) 등

2) 재중동포 작가 리동혁의 《삼국지가 울고 있네》(금토, 2003) 참조.

이 있다.

3. 우리나라의 삼국지 관련 문화유적

조선시대 이후, 우리나라에도 삼국지와 관련된 제당(祭堂)이 세워지게 되는데 대부분이 관우를 모시는 관묘(關廟)이다. 우리나라에 처음으로 관우 사당이 세워진 것은 선조 31년(1598년)으로 '남관왕묘(南關王廟)[3]'라 한다. 같은 해 경북 성주와 안동 및 전남 강진에도 건립되었으며 이듬해에는 전북 남원에도 관왕묘가 세워졌다. 선조 35년(1602년)에는 '동관왕묘(東關王廟, 이를 줄여 동묘라고 함)'가 세워지는데, 이는 모두 명대(明代) 사람에 의해서 건립[4]된 것이다. 이후 고종황제 때부터 다시 관묘 건립이 활발해지는데, 개성 관왕묘[5]를 제외하면 모두 우리 손으로 지은 사당이다. 그러나 순종(純宗) 융희(隆熙) 2년(1908년) 이후 개정된 제사 제도 칙령의 반포에 따라, 국가주도로 관우에 대한 제사가 상당수 폐지 혹은 축소되었고, 관묘의 부지도 다른 용도로 사용되게 되었다.

---

3) 남관왕묘는 줄여 남묘(南廟)라고 부른다. 서울 용산구 도동 1가 9번지(남대문 밖)에 있었다. 이후 남묘는 6.25때 소실되어 1978년 현재 위치인 동작구 사당동으로 옮겨졌다.

4) 남묘는 명나라 장수 진인(陳寅)이 세웠다. 또한 경북 성주의 관후묘(關侯廟)는 모국기(茅國器), 안동의 관왕묘는 설호신(薛虎臣)이, 전남 완도의 관왕묘는 진린(陳璘), 전북 남원의 관왕묘는 남방위(藍芳威)가 세웠다. 동관왕묘는 명나라 신종(神宗)이 순무사(巡撫使) 만세덕(萬世德)을 시켜 건립하였다. 이들은 대부분 임진왜란 격전지에 세워졌다.

5) 고종31년(1894년)에 청나라에 의해 세워진다.

서울 동묘의 전경

남원 관왕묘

안동 관왕묘

현재까지 남아있는 관묘는 서울 4곳(남묘, 동묘, 성제묘[6], 관성묘[7]) · 안동 관왕묘(경상북도 민속문화재 제30호)[8] · 남원관왕묘(전라북도 민속문화재 제22호)[9] · 영동당곡리십이장신당[10](永東堂谷里十二將神堂, 충청북도 민속문화재 제2호) · 전주관성묘[11](전라북도 문화재자료 제5호) 등이 있다.

현존하는 관우 사당 중, 보존 상황이나 규모면에서 으뜸인 곳은

6) 서울특별시 유형문화재 제7호. 서울 방산시장 내에 위치한다. 관우 내외를 제사 지내는 곳이었는데, 현재 민간에 개방되지 않는다.

7) 서울특별시 민속문화재 제6호. 서울 중구 장충동2가 186-140.

8) 안동축제관광조직위원회 홈페이지(http://www.tourandong.com) '관왕묘' 참조.

9) http://www.cha.go.kr/korea/heritage/search/Culresult_Db_View.jsp?mc=NS_04_03_02&VdkVgwKey=21,00220000,35

10) 충북 영동군 영동읍 당곡리 산32.

11) 전북 전주시 완산구 동서학동 2가 613.

서울의 동묘이다. 현재 서울시 종로구 숭인동(난계로27길 84)에 위치하는데, 1963년 보물 제142호로 지정되었다. 명나라 신종(神宗)이 사신 만세덕(萬世德)에게 조칙과 기금 및 친필 현판을 보내어 세운 사당으로 관묘 · 관성묘 · 현성묘(顯聖廟) · 관제묘(關帝廟) · 무묘(武廟) 등으로 칭해졌다. 당시 조선의 조정에서는 동묘 건립에 부정적 의견이 상당했으나 명나라와의 관계를 고려하자면 불가피한 선택이었다.

중국의 건축양식을 따라, 앞뒤가 긴 직사각형의 모양에 연꽃천장에 겹처마로 되어 있어 국내의 다른 건축물들에서 보기 드문 형태로 지어졌다. 정전(正殿) 앞에는 '현령소덕의열무안성제묘(顯靈昭德義烈武安聖帝廟)'라는 글이 쓰여 있는 현판 두 개가 나란히 걸려 있는데 그 중 하나는 명(明)의 신종(神宗)이, 나머지 하나는 고종황제가 관왕(關王)을 관제(關帝)로 추존하면서 내린 것이다.

동묘는 조선시대 관우에 대한 제사를 위한 장소였지만, 현재는 그러한 기능이 사라지고 주변에서 벼룩시장이 열리는 등 공원화(公園化)되었다.

서울의 또 다른 삼국지 관련 문화유적으로는 제갈공명을 모시는 와룡묘(臥龍廟)가 있다. 현재 서울 중구 예장동 산5-6에 위치하고 있으며 1974년 서울시 민속문화재 제5호로 지정되었다. 조선 고종의 후궁이었던 엄상궁에 의해 지어졌다고 전해지는데 1924년 화재로 소실되었다가 1934년 재건되었다. 건물 내부에는 제갈량과 관우의 석고상이 함께 안치되어 있고 제례용 악기들이 배치되어 있다. 경내에는 단군묘 · 삼성각(三星閣) · 약사전(藥師殿) · 문신각(文臣閣)등이 함께 있다.

이 외, 서울 역사박물관에 있는 '삼국지연의도(三國志演義圖)'는 2001년 서울시 유형문화재 제139호로 지정되었다. 《삼국지연의(三國志演義)》의 내용을 그림으로 옮긴 것으로 현재 9폭이 남아있다. 각 장면들은 대체적으로 민화적 요소가 강하고, 대형 화폭에 지그재그식 구도로 다양한 인물의 모습을 역동적으로 잘 표현하고 있다.[12]

12) 문화재청 홈페이지 참조.

제10장
삼국지문화와 고사성어

삼국지문화는 줄곧 중국은 물론 우리 사회에도 많은 영향을 끼치고 있다. 특히 고사성어는 오늘날까지 사회생활 속에 많이 활용되어지고 있다. 주요 고사성어가 어찌 활용되어 지는지 살펴보도록 하자.

1.도원결의(桃園結義)

소설 《삼국연의》 1회를 보자.

운장의 말을 듣고 현덕이 자기의 뜻을 이야기해 주니 그도 몹시 기뻐했다. 세 사람은 함께 장비네 집으로 가서 대사를 의논했다. 이때 장비가, "우리집 뒤에 도원(桃園)이 있는데 지금 꽃이 한창이오. 내일 그곳에서 천지신명께 제사를 지내고 우리 셋이 의형제를 맺어 동심협력하기로 한 다음에 대사를 도모하는 게 어떻겠소?"
라고 말하니, 현덕과 운장은 이구동성으로 찬성했다.
"그것 참 좋겠소."
다음 날 그들은 도원에서 검정소와 흰말 등 제물을 차려놓고 향을 피우고 제사를 지내며 함께 맹세했다. "유비·관우·장비는 비록 성은 다르나, 이미 의형제가 되었으니, 이제부터 한마음으로 힘을 합해서 가난을 구제하고 곤경에 빠진 자를 도와주며, 위로는 나라에 보답하고 아래로는 백성을 편안케 하며, 같은 해 같은 달 같은 날에 태어나지 못했어도 같은 해 같은 달 같은 날에 죽기를 원합니다. 황천후토(皇天后土)께서 부디 살피셔서, 만일 의리를 저버리고 은혜를 잊는 자가 있으면 하늘과 사람이 함께 죽여 없애십시오!"

맹세가 끝나자 현덕은 맏형이 되고, 관우는 둘째, 장비는 셋째가 되었다.[1]

이처럼 유비·관우·장비가 복숭아밭(桃園)에서 의형제를 맺은 일에서 유래하였다. 물론 이 도원결의 이야기는 실제 한 사실이 아니고 소설화 과정에서 작가가 지어낸 허구이다. 핵심 내용은 뜻이 맞는 사람끼리 같은 목적을 위해 마음을 같이한다는 것을 뜻한다.

---

1) 소설 원문은 《三國演義》(北京: 人民文學出版社, 2001), 번역본은 김광렬 등이 옮긴 삼성출판사의 《삼국지》를 참고하였다.

《三國演義》 1回 : "玄德遂以已志告之. 雲長大喜. 同到張飛庄上, 共議大事. 飛曰, "後有一桃花, 花開正盛 ; 明日當於園中祭告天地, 我三人結爲兄弟, 協辦同心, 然後可圖大事." 黃巾賊有三个姓張的兄弟, 不如張翼德結兩个不姓張的弟兄較胜萬倍, 但論兄弟不兄弟, 何論姓張不姓張哉! 玄德, 雲長齊聲應曰 : "如此甚好." 次日, 於桃花中, 備下烏午白馬祭禮等項, 三人焚香再拜而說誓曰 : "念劉備, 關羽, 張飛, 雖然異姓, 旣結爲兄弟, 則同心協辦, 救困扶危 ; 上報國家, 下安黎庶 ; 不求同年同月同日生, 只願同年同月同日死. 皇天後土, 實鑒此心. 背義忘恩, 天人同戮!" 誓畢, 拜玄德爲兄, 關羽次之, 張飛爲弟."

2. 오관육참(五關六斬)

소설 《삼국연의》 27회를 보자.

"기어이 지나가시려거든, 데리고 가시는 사람들을 인질로 남겨두십시오."

관공이 크게 노하여 칼을 들어 치려하니, 공수는 급히 관 안으로 들어가서 북을 쳐 군사를 모으고 갑옷을 입고 투구를 쓴 다음 말을 타고 관 아래로 달려 나오며 소리 질렀다.

"네가 감히 지나갈 테냐?"

관공은 수레를 뒤로 조금 물린 다음에 칼을 들고 말을 달려, 아무 대꾸도 않고 공수에게 달려들었다. 공수도 창을 들고 마주 대들었으나, 두 말이 어우러진 지 단 한 합에 청룡도를 맞고 말 아래 떨어졌다. 그것을 본 그의 군사들이 황급히 달아나자, 관공이 그들을 향해 소리쳤다.

"너희 군사들은 도망가지 말아라. 내가 공수를 죽인 것은 부득이해서 한 일이니 너희들과는 관계가 없다. 너희들은 공수가 나를 죽이려 했기 때문에 그를 죽였다는 것이나 승상께 전해다오."

관공의 말이 떨어지자 모든 군사들은 그의 말 앞에 엎드려 절을 했다.

관공은 다시 두 부인이 탄 수레를 모시고 관문을 지나 낙양을 향해 지나가는데, 어느 새 이쪽 군사가 낙양태수 한복에게 그 일을 보고했다.[2]

---

2) 《三國演義》 27回 ; "汝要過去, 留下老小爲質." 關公大怒, 擧刀就殺孔秀. 秀退入關去, 鳴鼓聚軍, 披挂上馬, 殺下關來, 大喝曰 : "汝敢過去么!" 關公約退車仗, 縱馬提刀, 竟不打話, 直取孔秀. 秀挺槍來迎. 兩馬相交, 只一合, 鋼刀起處, 孔

여기에서 보듯이 조조의 휘하에 있던 관우가 유비의 소식을 듣고 조조의 진영에서 빠져나와 두 형수를 보호하며 유비를 찾아가는 도중에 다섯 관을 넘고 그를 가로막아 선 여섯 장수를 베어버린 일에서 유래되었다. 핵심 내용은 온갖 어려움을 다 겪으며 극복해 나갔다는 뜻이다.

3. 칠보성시(七步成詩)

소설 《삼국연의》 79회를 보자.

조비가 호령하듯 말했다. "내가 너와 정리로는 형제이나 도리로는 군신이다. 그런데 네가 감히 재주를 믿고 예의를 우습게 아니 웬일이냐? 전에 선군께서 살아계실 때 네가 항상 글재주를 남들에게 자랑하더니 나는 암만해도 네가 남에게 대필을 시키는 것으로만 생각했다. 내가 지금 너로부터 일곱 발자국을 떼는 동안 시 한 수를 읊게 할 테니, 해내면 죽음을 면하게 해주고, 해내지 못하면 죄를 더 중하게 내려 추호도 용서하지 않을 테다."
"바라건대 제목을 주십시오."
이때 마침 전각 안에 수묵화 한 폭이 걸려 있었는데, 그림인즉 소 두

秀尸橫馬下. 衆軍便走. 關公曰 : "軍士休走. 吾殺孔秀, 不得已也, 與汝等無干. 借汝衆軍之口, 傳語曹丞相, 言孔秀欲害我, 我故殺之." 衆軍俱拜於馬前. 關公卽請二夫人車仗出關, 望洛陽進發. 早有軍士報知洛陽大守韓福.

마리가 토담 아래서 싸우다가 그중 한 마리가 우물에 떨어져 죽는 모습이 그려져 있는 것이었다. 조비는 손을 들어 그 그림을 가리켰다.
"네가 저 그림으로 글제를 삼되 시 가운데 '두 소가 담 밑에서 싸웠네, 한 마리가 우물 속에 빠져 죽었네.' 하는 말을 써서는 안 된다." 조식이 일곱 발자국을 걷는 사이에 이미 시가 이루어졌다.
조비와 여러 신하들은 모두 그 재주에 놀랐다.[3]

이 대목에서 보듯이 조식(曹植)이 형이자 임금인 조비(曹丕)의 명에 따라 목숨이 위협받는 상황 속에서 일곱 걸음 안에 시를 지은 일에서 유래되었다. 원래 조비는 조식을 죽여 버릴 목적이었으나 조식이 일곱 걸음 만에 놀랍게도 칠보시(七步詩)를 지어내자 차마 죽이지 못하고 그를 살려주게 된 것이다.

"일곱 걸음 만에 시를 완성한다"는 뜻인데, 재주가 대단히 뛰어남을 형용할 때 사용되어 진다.

3)《三國演義》79回 : 丕曰 : "吾與汝情雖兄弟, 義屬君臣, 汝安敢恃才蔑禮? 昔先君在日, 汝常以文章誇示於人, 吾深疑汝必用他人代筆. 吾今限汝行七步吟詩一首. 若果能, 則免一死 ; 若不能, 則從重治罪, 決不姑皆驚. "願乞題目." 時殿上懸一水墨畫, 畫着兩只牛, 斗於土墻之下, 一牛墜井而亡. 丕指畫曰 : "卽以此畫爲題. 詩中不許犯着'二牛斗墻下 ; 一牛墜井死'字樣."植行七步, 其詩已成. 曹丕及群臣皆驚.

4. 칠종칠금(七縱七擒)

소설《삼국연의》90회를 보자.

맹획은 그 말을 듣자 눈물을 흘리며,

"일곱 번 사로잡아 일곱 번 놓아준다는 것은 예로부터 있어 본 적이 없는 일이오. 내 비록 왕화를 입지 못한 번방 사람이지만 예의를 아는 터인데, 어떻게 그렇게 염치가 없을 수 있습니까?

하고 형제 처자며 종족들과 더불어 공명의 장하로 기어가서 위통들을 벗고 꿇어앉아 사죄했다.

"승상의 하늘 같으신 위엄에 다시는 남방 사람이 배반하지 않겠습니다."

공명이, "공이 이제는 복종하겠소?"하고 물으니 맹획은 울면서 감사함을 표했다.

"저와 자자손손이 모두 승상께서 살려주신 은혜에 감격하는 터인데 어찌 복종하지 않을 리 있겠습니까?"[4]

소설《삼국연의》87회에서 90회를 보면 제갈량이 남만(南蠻) 정벌을 가서, 반란을 일으킨 이민족 장수 맹획(孟獲)을 사로잡았으나 그가 항

4)《三國演義》90回 ; 孟獲垂淚言曰: "七擒七縱, 自古未嘗有也. 吾雖化外之人, 頗知禮義, 直如此無羞恥乎? " 遂同兄弟妻子宗黨人等, 皆匍匐跑於帳下, 肉袒謝罪曰: "丞相天威, 南人不復反矣!" 孔明曰: "公今服乎? " 獲泣謝曰: "某子子孫孫皆感覆載生成之恩, 安得不服!"

복을 하지 않자 풀어준다. 그러고는 여러 차례 맹획을 다시 사로잡지만 그 때마다 항복을 하지 않자 그가 진심으로 패배를 인정하고 복종할 때까지 제갈량은 그를 여러 차례 다시 놓아준다. 결국 일곱 번째 맹획이 사로잡히자 비로소 그는 진심으로 제갈량의 배려에 감동하여 항복을 하고 충성을 맹세한 이 이야기에서 유래하였다.

일곱 번 잡았다 일곱 번 놓아준 다는 뜻인데, 상대의 마음을 진정으로 얻고자 인내를 가지고 노력하여 결국 상대의 마음을 얻는 일 또는 마음대로 상대를 다룰 수 있음을 비유할 때 사용되어 진다.

5. 수어지교(水魚之交)

소설《삼국연의》39회를 보자.

한편 현덕이 공명을 얻은 뒤로 그를 스승의 예로 대접하니, 관우·장비 두 사람은 언짢아하였다.
"공명이 어린 나이에 무슨 재주와 학문이 있다고 그를 그처럼 극진하게 대접하십니까? 더구나 실제로 효험을 본 적도 없는데 말입니다."
"내가 공명을 얻은 것은 마치 고기가 물을 얻은 격일세. 아우들은 더 이상 여러 말을 말게"
관우와 장비는 현덕에게서 퇴박을 맞고 더는 말을 못하고 물러났다.[5]

---

5)《三國演義》39回 : 却說玄德自得孔明, 以師禮待之. 關,張二人不說, 曰 : "孔明年幼, 有甚才學? 兄長待之太過! 有未見他眞眞實效驗!" 玄德曰: 吾有孔明, 猶

이 장면에서 보듯이 유비가 공명을 스승으로 예우를 하니 관우와 장비가 지나친 대우라며 불만을 표출하자 유비는 "내가 공명을 얻은 것은 고기가 물을 만난 격이다"라고 응수한 일에 유래한 말이다.

글자의 의미는 원래는 물과 고기의 사귐이라는 뜻이지만, 서로의 사이가 매우 좋은 특별한 관계를 비유할 때 사용되어 진다.

6. 삼고초려(三顧草廬)

소설《삼국연의》37회와 38회를 보자.

동자는 머리를 내저었다.

"선생님은 오늘 아침에 나가셨습니다."

"어디를 가셨느냐?" 동자는 또 머리를 내저었다.

"돌아오시는 것도 일정하지 않으셔서 4,5일이 될 때도 있고, 10여 일이 될 때도 있습니다."

그 말에 현덕은 섭섭해 마지 않는데 장비가 재촉했다.

"이왕 만나지 못하게 된 바에야 어서 돌아가기나 합시다."

"잠시 기다려 보세."

운장이 현덕의 말을 받았다.

"우선 그냥 돌아가시고 다시 사람을 보내서 알아보시는 것이 좋을까

魚之得水也. 兩弟勿復多言." 關·張見說, 不言而退.

봅니다." 현덕은 그러기로 하고 동자에게 당부했다. "선생께서 돌아오시거든 유비가 다녀갔다고 여쭈어 다오."

(중략)

현덕은 관우와 장비에게 문밖에서 기다리라고 분부한 다음에, 혼자 안으로 서서히 걸어 들어가 보았다. 선생은 초당 안에서 평상 위에 번듯이 누워서 자고 있었다. 현덕은 섬돌 아래에 가서 두 손을 맞잡고 섰다. 그러나 반나절이 지나도 선생은 깨지 않았다.

(중략)

그로부터 다시 한 시각이나 지나서야 공명은 잠을 깨며 시 한 수를 읊었다.

시를 다 읊고 나자 공명은 몸을 뒤척이며 동자에게 물었다.

"어디서 손님이 오시지 않았느냐?"

"유 황숙께서 오셔서 오랫동안 서서 기다리고 계십니다."

"왜 진작 맞이하지 않았느냐? 잠시 옷을 좀 갈아입어야겠다."

그러고는 곧 후당으로 들어가더니 다시 한동안이 지나서야 의관을 정제하고 나와서 현덕을 맞았다.[6]

---

6)《三國演義》37回, 38回 : 童子曰 : "先生今早少出. 玄德曰: "何處去了?" 童子曰 : "踪迹不定, 不知何處去了." 玄德曰 : "几時歸?" 童子曰: "歸期亦不定, 或三五日, 或十數日." 玄德惆悵不已. 張飛曰 : "旣不見, 自歸去罷了." 玄德曰: "且待片時." 雲長曰: "不如且歸, 再使人來探聽." 玄德從其言, 囑付童子: "如先生回, 可言劉備拜訪." …… 玄德曰 : "旣如此, 且休通報." 分付關,張二人, 只在門首等着. 玄德徐步而入, 見先生仰臥於草堂幾席之上. 玄德拱立階下. 半晌, 先生未醒. …… 又立了一個時辰, 孔明才醒, 口吟詩, 孔明吟罷, 翻身問童子曰 : "有俗客來否?" 童子曰 : "劉皇叔在此, 立候多時." 孔明乃起身曰: "何不早報! 尙容更衣." 遂轉入後堂. 又半晌, 方整衣冠出迎.

이 이야기에서 알 수 있듯이, 유비가 천하의 인재 제갈공명을 얻기 위해 그의 초가집에 몸소 세 번이나 찾아갔다는 일에서 유래되었다. 인재를 얻기 위해 온갖 정성을 다 기울인다는 뜻으로 쓰인다.

7. 식소사번(食少事煩)

소설 《삼국연의》 103회를 보자.

사마의는 "공명이 침식은 어떻게 하시며 잡무가 바쁘시지는 않은가?" 라고 물었다.
사자는 대답했다.
"승상께서는 아침에 일찍 일어나시고 밤에는 늦게 주무시며, 벌 20이상은 친히 집행하시고, 잡수시는 양은 아주 적습니다."
이 말을 듣고 사마의는 여러 장수들을 돌아보며 말했다.
"공명이 식사는 적게 하고 하는 일은 많아 번거로우니 어찌 오래 살겠는가?"
사자는 하직하고 오장원으로 돌아가서 공명에게 자세히 고했다.
"사마의가 머리 수건과 여인의 옷을 받고 서찰을 보고 나서도 도무지 노하는 기색이 없고, 다만 승상의 침식과 집무에 대해 물을 뿐 군사에 관해선 일체 묻지 않았습니다. 그래서 소인이 이러저러하게 대답했더니 그의 말이, 일은 번거로운데 식사는 적게 하니 오래 살지 못하겠다고 했습니다." 공명은 듣고 나서 탄식했다. "그가 나에 대해 깊이 알고 있구나."[7]

이 대목에서 보듯이, 제갈량과 사마의(司馬懿)가 대치하고 있을 때 사마의가 제갈량이 보낸 사자(使者)에게 그의 근황을 묻자 아침에 일찍 일어나시고 밤엔 늦게 주무시며, 곤장 20대 이상의 형벌은 모두 직접 처결하시며, 드시는 음식은 아주 적다고 대답했다. 이에 사마의가 공명은 먹는 것이 적고 하는 일이 많으니 어찌 오래 살겠는가 라고 말했다.

이 말은 "먹는 것은 적고 일이 많다"는 뜻으로 쓰이거나 수고를 많이 하나 얻는 것이 적음을 비유하거나 매우 열심히 일을 한다는 뜻으로도 사용되어 진다.

8. 담소자약(談笑自若)

정사 《삼국지 오서(吳書) 감녕전(甘寧傳)》을 보자.

후에 감녕은 주유를 따라 오림에서 조조를 격파하였다. 남군에서는 조인을 공격했으나 공략하지는 못했다. 감녕은 먼저 곧장 이릉을 진

7) 《三國演義》 103回 ; 懿問曰: "孔明寢食及事之煩簡若何?" 使者 "丞相夙興夜寐, 罰二十以上皆親覽焉. 所啖之食, 日不過數升." 懿顧謂諸將曰 : "孔明食少事煩, 其能久乎? " 使者辭去, 回到五丈原, 見了孔明, 具說: "司馬懿受了巾幗女衣, 看了書札, 並不嗔怒, 只問丞相寢食及事之煩簡, 絶不提起軍旅之事. 某如此應對, 彼言: '食少事煩,豈能長久?'" 孔明歎曰: "彼深知我也!"

격하여 취하자고 건의했다. 그는 가서 그 성을 얻었으며 들어가서 굳게 지켰다. 그 때 수하 병사가 수백 명에 불과하다 새로 얻어서 겨우 천명 정도 되었다. 조인은 곧 오육천명을 시켜 감녕을 포위했다. 감녕은 며칠 동안 공격을 받았다. 적이 높은 누각을 세우고 성안으로 비가 내리듯이 화살을 쏘아대자 병사들은 모두 두려워하였으나 감녕만은 태연하게 담소를 나누었다.[8]

이 역사적 상황을 보면 감녕이 이릉에서 활약을 펼치자, 이를 제지하려고 조인의 대군이 병력이 천 명 정도에 불과한 이릉의 감녕을 공격하게 된다. 대군의 거센 공격을 연일 받아 오나라 진영의 군사들이 두려움에 빠졌는데도 장수 감녕(甘寧)은 두려워하는 기색 하나없이 태연하게 담소를 나누는 등 평소와 같았다는 일에서 유래하였다.

글자의 의미는 태연하게 담소를 즐긴다는 뜻으로, 대단히 위험하고 힘든 상황에서도 흔들리지 않으며 의연하게 있는 모습을 비유할 때 사용되어 진다.

8) 《三國志· 吳書· 甘寧傳》: 後隨周瑜拒破曹公於烏林. 攻曹仁於南郡, 未拔, 寧建計先徑進取夷陵, 往卽得其城, 因人守之. 時手下有數百兵, 並所新得, 僅滿千人. 曹仁乃令五六千人圍寧. 寧受攻累日, 敵設高樓, 雨射城中, 士衆皆懼, 惟寧談笑自若.

9. 망매지갈(望梅止渴)

소설 《삼국연의》 21회를 보자.

"마침 매화나무에 매실이 파랗게 달린 것을 보니, 갑자기 작년에 장수를 치러 갔을 때의 일이 생각납니다. 길에서 물이 다 동나서 장졸들이 모두 갈증을 이기지 못해, 내가 문득 한 꾀를 생각해내고 채찍을 들어 앞을 가리키며 '저기 앞에 매화나무숲이 있다'하고 소리쳤지요." 그랬더니 군사들이 그 말을 듣고는 입 안에 침이 돌아서 갈증을 면했답니다. 지금 이 청매를 보니 그냥 있을 수 없는데다가, 빚어둔 술도 마침 있기에, 정자에서 함께 한잔 하시자고 사군을 청한 것입니다.[9]

유비가 조조에게 몸을 의탁하고 있던 어느 날, 조조가 유비를 불러들여 매실주를 권하면서 한 말에서 유래하였다. 조조가 장수(張繡)를 공격하러 갔을 때, 군중(軍中)에 물이 없어 병사들이 매우 목말라하는 상황에 처하게 되었다. 이에 조조는 꾀를 냈다. 무턱대고 앞을 가리키며 매화나무가 많다고 말하자, 병사들은 매화나무란 말에 새콤한 매실을 떠올리게 되고 자연히 입에 침이 고이면서 갈증이 해결되었다고 한다.

글자의 의미는 매실을 바라보며 갈증을 멈춘다는 뜻으로 상상만으로도 마음에 위안이 얻어짐을 비유할 때 사용되어 진다.

---

9) 《三國演義》 21回 : 操曰: "適見枝頭梅子青青, 忽感去年征張綉時, 道上缺水, 將士皆渴 ; 吾心生一計, 以鞭虛指曰: '前面有梅林.' 軍士聞之, 口皆生唾, 由是不渴. 今見此梅, 不可不賞. 又値煮酒正熟, 故邀使君小亭一會."

10. 읍참마속(泣斬馬謖)

소설 《삼국연의》 96회를 보자.

공명은 소리를 질러 그를 물리친 다음에 마속을 장중으로 불러 들였다. 마속이 스스로 몸을 결박하고 장전에 와서 꿇어앉았다. 공명은 낯빛이 변하면서 말했다.
"당신은 어릴 적부터 병서를 많이 읽어 전법을 훤히 알고 있소. 게다가 내가 누차 분명하게 경계하되, 가정은 곧 우리의 근본이라 하였고, 당신도 온 집안 식구들의 목숨을 걸고 그 중한 소임을 맡았던 것이 아니오? 당신이 만약 왕평의 말을 들었던들 어찌 이런 화를 입었겠소? 이번에 패하여 여러 장수들이 죽고 땅을 잃고 성이 함몰된 것이 다 당신의 죄요. 만약에 군률을 따지지 않는다면 무엇으로 여러 사람을 복종시키겠소? 당신이 법을 범했으니 나를 원망하지 마오. 당신 죽은 뒤에 처자에겐 내가 다달이 녹미를 줄 것이니 당신이 근심 하지 않아도 좋소."
하더니 좌우에 호령하여 그를 끌어내 목을 배게 했다.
마속이, "승상께서 저를 자식처럼 돌보셨고, 저도 승상을 아버님같이 생각했습니다. 저의 죽을죄는 도저히 면하기 어렵습니다마는, 바라건대 승상께서는 순임금이 곤을 죽이고 우를 쓰신 뜻을 생각해 주시면, 제가 비록 죽어서 구천에 가도 한이 없겠습니다."
하고 말을 마치자 통곡을 하니 공명도 눈물을 흘리며 말했다.
"나와 당신의 의가 형제 같으니 당신의 아들이 곧 내 아들이오. 구태여 내게 여러 말 할 것 없는 일이오."

좌우는 마속을 원문 밖으로 끌고 나가 목을 베게 했다.[10]

제갈량이 눈물을 흘리며 마속을 참수한 일에서 유래하였다. 유비는 죽기 전에 제갈량에게 마속을 중용하지 말라고 말하였다. 그러나 마속의 재능을 아낀 제갈량은 유비의 유언을 듣지 않았다. 가정(街亭)의 전투에서 마속은 명령을 어기고 무리하게 전투를 벌여 패배한다. 제갈량은 마속이 가정을 잃은 것에 대해 책임을 물어 그토록 아꼈던 마속이지만 결국 군대 기강을 위해 그의 목을 벤다.

개인적 감정을 버리고 공정하고 엄정하게 법을 지켜 기강을 바로 세움을 비유할 때 쓰인다.

10)《三國演義》96回 : 孔明喝退. 又喚馬謖入帳. 謖自縛跪於帳前. 孔明變色曰: "汝自幼飽讀兵書, 熟諳戰法. 吾屢次丁寧告戒: 街亭是吾根本. 汝以全家之命, 領此重任. 汝若早聽王平之言, 豈有此禍? 今敗軍折將, 失地陷城, 皆汝之過也! 若不明正軍律, 何以服衆?汝今犯法, 休得怨吾. 汝死之後, 汝之家小, 吾按月給與祿粮, 汝不必挂心." 叱左右推出斫之. 謖泣曰: "丞相視某如子, 某以丞相爲父. 某之死罪, 實已難逃 ; 願丞相思舜帝殛鯀用禹之義, 某雖死亦無恨於九泉!" 言訖大哭. 孔明揮泪曰: "吾與汝義同兄弟, 不必多囑." 左右推出馬謖於轅門之外, 將斬.

11. 계륵(鷄肋)

소설《삼국지》72회를 보자.

조조는 생각하길, 군사를 오래 주둔시키고 있는 동안 앞으로 진격하려니 마초가 굳게 막고 있어서 못나가겠고, 그렇다고 퇴각하자니 서촉 군사들이 비웃을 것이 꺼림칙했다. 이렇게 결단을 못 내리고 있을 때 마침 요리사가 계탕을 들여왔다. 조조는 국그릇에 닭의 늑골이 있는 것을 보고 속으로 느껴지는 바가 있어서 잠자코 있었는데, 하후돈이 들어와 야간 군호를 정해달라고 했다. 조조는 입에서 나오는 대로 말했다.
"계륵, 계륵으로 하오."
하후돈이 여러 관원들에게 명령을 전하여 모두 "계륵"이라고 외우게 하자, 행군 주부 양수가 '계륵'이란 말을 듣고 즉시 수행 군사들을 시켜 각기 행장을 수습하여 돌아갈 준비를 하게 했다.[11]

건안 24년, 조조가 유비와 한중(漢中) 땅을 두고 전투를 벌이고 있었는데 싸움의 향방이 결정되지 않았다. 전진하기는 무리였고 그렇다고 싸움을 포기할 수도 없었다. 조조가 진퇴를 고민하고 있을 때 부하

11)《三國演義》72回 : 操屯兵日久, 欲要進兵, 又被馬超拒守 ; 欲收兵回, 又恐被蜀兵耻笑 : 心中猶豫不決. 適庖官進鷄湯. 操見碗中有鷄肋, 因而有感於懷. 正沉吟間, 夏侯惇入帳, 禀請夜間口号. 操隨口曰: "鷄肋! 鷄肋!" 惇傳令衆官, 都稱 "鷄肋". 行軍主簿楊修, 見傳"鷄肋"二字, 便教隨行軍士, 各收拾行裝, 准備歸程.

장수가 그날 밤의 암호를 묻자 "계륵"이라 했는데, 이 암호를 들은 양수(楊修)는 조조의 속마음을 읽고 군사들에게 퇴군 준비를 하라 일렀다. 이를 안 조조가 노하여 지나치게 눈치 빠른 양수를 죽여 버린다. 사실은 조조가 철군할 생각을 하고 있었는데 그 속내를 들켜버린 것에 대해 당황했던 것이다. 결국 군심을 어지럽혔다는 핑계를 대어 그를 제거한 것이다. 양수를 죽인 후, 조조는 어쩔 수 없이 진군을 하였지만 상황이 불리하여 곧 후퇴하였다.

계륵의 글자 그대로의 뜻은 '닭의 갈비'라는 뜻이지만, 크게 쓸모가 있거나 이득이 있는 것이 아니지만 그렇다고 버리기엔 아쉬운 것을 비유할 때 사용되어 진다.

12. 소향무적(所向無敵)

소설 《삼국연의》 118회를 보자.

사마소는이 글을 보고 또 크게 놀라 황망히 가충을 불러 의논했다.
"등애가 자기의 공을 믿고 교만해져서 마음대로 일을 행하려 하니 반역하는 기색이 드러났소. 이를 어쩌면 좋겠소?"
가충이 말했다. "주공께서는 어찌하여 종회로 하여금 등애를 막게 하지 않으십니까?"
사마소는 가충의 말을 좇아, 사자가 곧 조서를 받들고 가서 종회를 사도로 삼고, 위관이 등애와 종회의 군마를 감독하게 했다. 또한 위관에게 따로이 친필 편지를 주어, 종회와 더불어 등애의 행동을 감시하여 변란을 방지하게 했다. 종회가 조서를 받아보니 그 내용은 다음과 같았다.

진서장군 종회는 가는 곳마다 당할 자 없고 나아가는 곳에 사나운 무리가 없어 모든 성지를 절세하며, 사면으로 흩어져 도주하는 무리를 모조리 물리치니 촉나라의 영웅호걸이 스스로 결박 지어 항복했고, 계책을 쓰는데 어긋나는 일이 없고, 군사를 들어 치는데 공을 이루지 못한 적이 없었다. 그리하여 회를 사도로 삼고 현후(縣候)로 봉하여 읍 1만호를 더하며, 두 아들을 정후로 삼고 각각 읍 1천 호를 준다.[12]

촉을 정벌한 후, 사마소(司馬昭)는 등애(鄧艾)를 견제하기 위해 종회(種會)의 벼슬을 높여주는 조서를 내렸다. 그 조서에는 "진서장군(鎭西將軍) 종회가 향하는 곳에는 맞설 자가 없다고 하며 그의 능력을 극찬한 데서 유래하였다.

글자의 의미는 어느 곳을 향하더라도 맞서 싸울 수 있는 적수가 없다는 뜻으로 그 능력이 매우 뛰어나 상대가 없을 정도로 강하고 세다는 것을 비유할 때 사용되어 진다.

12)《三國演義》118回 : 司馬昭看畢大驚, 忙與賈充計議曰: "鄧艾恃功而驕, 任意行事, 反形露矣. 如之奈何?" 賈充曰: "主公何不封鍾會以制之?" 昭從其議, 遣使齎詔封會爲司徒, 就令衛瓘監督兩路軍馬, 以手書付瓘, 使與會伺察鄧艾, 以防其變. 會接讀詔書. 詔曰: 鎭西將鍾會 ; 所向無敵, 前無强梁, 節制衆城, 網羅迸逸 ; 蜀之豪帥, 面縛歸命 ; 謀無遺策, 擧無廢功. 其以會爲司徒, 進封縣侯, 增邑萬戶. 封子二人亭侯, 邑各千戶.

13. 개문읍도(開門揖盜)

정사 《삼국지 · 오서(吳書) · 오주전(吳主傳)》을 보자.

건안 5년, 손책이 죽자 대사를 손권에게 맡기니 손권은 통곡을 그치지 않았다. 손책의 장사 장소가 손권에게 일러 말하길 ; "효렴, 지금이 어찌 통곡만 하고 있을 때입니까? 주공이 상례의 법을 만들었으나 아들 백금(伯禽)이 따르지 않은 것은 아버지를 거부해서가 아니라, 때가 상례를 행할 수 없었기 때문입니다. 하물며 지금 사악한 자들이 서로 각축을 벌이고 승냥이과 이리 같은 자들이 길에 가득한데도 친척만을 애도하려고 상례의 제도를 살펴보고 있습니다. 이는 문을 열고 도적을 불러들이는 것과 같은 것이니 인(仁)이라고 할 수 없습니다."[13]

손책(孫策)이 갑작스레 죽고 손권(孫權)이 동오의 주인이 된다. 하지만 손권은 형의 갑작스런 죽음에 정사를 돌봐야 하는 것도 생각지 못하고 그저 통곡하고 슬퍼만 하였다. 이러다보니 간특한 자들이 설쳐대 나라가 엉망이 되어갔다. 이에 장소(張昭)는 걱정이 되어 죽은 형의 죽음만을 생각하며 상례만을 고민하고 있는 손권에게 이러면 문을 열고 도적을 불러들이는 것과 같다고 하며 손권에게 간언한 데서 유래하였다.

13) 《三國志·吳書·吳主傳》: 五年, 策薨, 以事授權, 權哭未及息, 策長史張昭謂權曰 : "孝廉, 此寧哭時邪? 且周公立法而伯禽不師, 非欲違父, 時不得行也. 況今奸宄競逐, 豺狼滿道, 乃欲哀親戚, 顧禮制, 是猶開門而揖盜, 未可以爲仁也."

글자의 의미는 문을 열고 도둑에게 절을 하다라는 뜻인데 재앙을 자초(自招)함을 비유할 때 사용되어 진다.

14. 금낭묘계(錦囊妙計)

소설《삼국연의》54회를 보자.

공명이 말했다. "제가 세 가지 계책을 정해놓았는데, 자룡이 아니고는 행하지 못할 것입니다."
그리고는 조운을 불러들여서 그의 귀에 입을 대고 비밀히 일러주었다.
"자룡은 주공을 무시고 동오에 들어가되 여기 이 비단 주머니 셋을 차고 가오. 주머니 속에 세 가지의 묘계가 들어 있으니, 차례대로 행하시오."
그리고 곧 주머니 세 개를 내주니, 조운은 주머니들을 받아 품속에 깊이 간직하였다. 공명은 사람을 먼저 동오에 보내서 예물을 전하게 하는 등 모든 준비를 빈틈없이 갖추었다.[14]

감부인이 죽었을 때, 주유(周瑜)와 손권(孫權)은 유비를 제거하고 형

14)《三國演義》54回 : 孔明曰 : "吾已定下三條計策, 非子龍不可行也." 遂喚趙雲近前, 附耳言曰: "汝保主公入吳, 當領此三個錦囊. 囊中有三條妙計, 依次而行." 卽將三個錦囊, 與雲貼內收藏. 孔明先使人往東吳納了聘, 一切完備.

주를 되찾을 목적으로, 유비에게 동오로 건너와 손권의 누이와 혼인할 것을 제의 한다. 제갈공명은 정략결혼을 제의한 그들의 속뜻을 간파했지만 오히려 유비에게 동오로 가서 아내를 맞으라 권하고, 유비의 호위를 맡은 조운(趙雲)에게는 비단 주머니 세 개를 준다. 동오에서 위험에 처할 때 마다 조운은 제갈량이 준 주머니를 차례차례 열어보았고, 그 안에는 위기를 돌파할 방법이 들어 있었다. 제갈량의 묘책(妙策)을 따른 유비 일행은 아내를 맞아 무사히 형주로 돌아올 수 있었다.

글자의 의미는 비단 주머니 안의 훌륭한 계책이라는 뜻인데, 주로 위급한 상황이나 곤란한 문제를 해결할 수 있는 좋은 방법을 얘기할 때 사용되어 진다.

15. 장계취계(將計就計)

소설 《삼국연의》 46회를 보자.

주유의 이러한 책망에 노숙은 아무 대꾸도 못 하고 물러나서 곧 공명을 찾아가 그 일을 이야기했다. 공명은 말없이 웃기만 하였다.

"선생은 어째서 웃고만 계십니까?"

"자경께서 공근의 계책을 모르고 계시니까 웃는 것입니다. 큰 강이 가로놓여 세작들의 왕래가 어려운 까닭에, 조조가 일부러 채중과 채화를 시켜서 거짓 항복을 하고 몰래 우리 군중의 기밀을 탐지하게 한 것인데, 공근은 그것을 역이용하여 저자들이 거짓 소식을 통보하게 하려는 것이지요. '용병에는 속임수를 꺼리지 않는다'고 했거니와 공근의 계교가 옳소이다." 노숙은 그제야 영문을 알아차렸다.[15]

적벽대전을 앞두고 조조는 염탐을 목적으로 채중(蔡中)과 채화(蔡和)를 거짓 항복시켜 동오로 보낸다. 주유는 그들의 귀순을 받아들이지만, 사실은 그들을 역이용한다. 여기에서 보듯이 이를 노숙은 알아차리지 못하고 공명에게 걱정을 하자 공명이 웃으며 설명해 주고 있다. 적의 계략을 미리 알아 오히려 그것을 역이용하는 계책을 뜻한다.

16. 간뇌도지(肝腦塗地)

소설 《삼국연의》 42회를 보자.

조운은 가쁜 숨을 몰아쉬면서 현덕에게 말했다. "이 조운의 죄는 시로 만 번 죽어도 마땅합니다. 미 부인께서는 몸에 중상을 입으셨는데 아무리 권하여도 말에 오르려 하시지 않고, 우물에 몸을 던져 자결하셨습니다. 저는 할 수 없이 옆에 있는 토담을 허물어 우물을 덮어놓고, 공자만을 품에 안은 채 겹겹이 쌓인 포위망을 헤치고 나왔습니다. 다행히 주공 덕분에 이처럼 다시 만나뵐 수 있게 되었습니다. 그런데

---

15)《三國演義》46回 : 孔明笑而不言. 肅曰: "孔明何故哂笑?" 孔明曰 : "吾笑子敬不識公瑾用計耳. 大江隔遠, 細作极難往來. 操使蔡中,蔡和詐降, 刺探我軍中事, 公瑾將計就計, 正要他通報消息. '兵不厭詐', 公瑾之謀是也." 肅方才省悟.

조금 전까지도 공자가 품속에서 울고 계셨는데 지금 아무런 움직임이 없으시니, 혹시 잘못된 것은 아닐까요?" 조운이 얼른 갑옷을 끄르고 보니 아두는 어느새 혼곤히 잠이 들어 있었다.

"다행히 공자께서는 무사하시군요."

조운이 기뻐하면서 두 손으로 아두를 받들어 현덕에게 바쳤다. 그러나 현덕은 아두를 받아서 땅바닥에 내던졌다.

"이까짓 녀석 때문에 내가 하마터면 대장 한 명을 잃을 뻔 했구나!"

조운은 황급히 아두를 안아들고 엎드려 말했다.

"이 조운이 한목숨 다 바친다 하더라도 주공의 은혜는 보답할 길이 없습니다."[16]

유표(劉表)의 죽음 후, 아들 유종(劉宗)은 조조에게 항복을 하고 유비는 조조의 공격을 피해 강릉(江陵)으로 향하게 된다. 조조는 강릉의 군수물자를 빼앗길까 염려가 되어 유비의 뒤를 추격 했고 유비 군대는 당양(當陽)에서 조조군에게 패배하여 뿔뿔이 흩어지게 된다. 본진에서 벗어난 조운은 유비의 식솔들을 찾고, 천신만고 끝에 아두(阿斗)를 보호하여 사지(死地)를 탈출한다. 본진에 다시 합류한 후, 유비에게 아두를 건넸지만, 유비는 도리어 아들을 땅에 던져버리며 "어린 자식 하나

16)《三國演義》42回 : 雲喘息而言曰 : "趙雲罪, 萬死猶輕! 糜夫人身帶重傷, 不肯上馬, 投井而死, 雲只得推土墻掩之. 懷抱公子, 身突重圍 ; 賴主公洪福, 幸而得脫. 適來公子尙在懷中啼哭, 此一會不見動靜, 多是不能保也." 遂解視之, 原來阿斗正睡着未醒. 雲喜曰: "幸得公子無恙!" 雙手遞與玄德. 玄德接過, 擲之於地曰 : "爲汝這孺子, 幾損我一員大將!" 趙雲忙向地下抱起阿斗, 泣拜曰: "雲雖肝腦涂地, 不能報也!"

때문에 큰 장수를 잃을 뻔 했구나!"라고 탄식했다. 유비의 마음에 감복한 조운은 눈물을 흘리며 "간(肝)과 뇌(腦)가 땅에 쏟아져 으스러지더라도 주공의 은혜에 보답할 수 없을 것입니다"라고 말했다. 이처럼 정말 충성심이 강해 어떤 고통스런 상황을 당하더라도 충성을 다하겠다는 뜻이다.

17. 비육지탄(髀肉之嘆)

소설《삼국연의》34회를 보자.

그는 그곳에서 우연히 넓적다리에 살이 다시 오른 것을 보고 자기도 모르게 눈물을 흘렸다. 잠시 후 그는 다시 자리로 돌아갔는데, 유표가 그의 얼굴에 눈물 자국이 있는 것을 보고 이상하게 여겨 물으니, 현덕이 한숨을 후 쉬며 대답하였다.

"제가 전에는 말안장에서 몸이 떠난 적이 없어서 넓적다리에 살이 다 빠졌었는데, 요즘에는 하도 오래 말을 타지 않아서 넓적다리에 살이 다시 올랐습니다. 세월만 부질없이 보내고 늙음에 다가드는데 공업을 세우지 못했기에 슬퍼했습니다."[17]

유비가 유표에게 몸을 의탁하고 있을 때, 유표의 초대를 받고 잔치

17)《三國演義》34回 : 困己身髀肉復生, 亦不覺潸然流涕. 少頃復入席. 表見玄德有淚容, 怪問之. 玄德長嘆曰: "備往常身不離鞍, 髀肉皆散 ; 今久不騎, 髀里肉生. 日月蹉跎, 老將至矣, 而功業不建.

에 갔다가 문득 자신의 살찐 허벅지를 보고 눈물을 흘렸다. 유표가 연고를 묻자 이처럼 허송세월하는 자신의 신세한탄을 하며 한 말에서 유래하였다. 하는 일 없이 세월만 보내고 있는 신세를 한탄하는 말로 사용되어 진다.

18. 할수기포(割鬚棄袍)

소설 《삼국연의》 58회를 보자.

이때 마초·방덕·마대가 백여 기를 이끌고 곧장 중군에 뛰어들어 조조를 잡으려 들었다. 조조는 난군 속에서, 서량 군사들이 "붉은 전포를 입은 것이 조조다!" 하고 크게 외치는 소리를 듣자 급히 홍포를 벗어버렸다. 그러자 다시, "수염 긴 놈이 조조다!" 하는 소리가 들려오므로 조조는 황급히 차고 있던 칼을 빼어 수염을 잘라버렸다.
군중에서 조조가 수염을 자른 것을 보고 누가 마초에게 고하자, 마초는 곧 사람들을 시켜서, "수염 짧은 놈이 조조다!" 하고 외치게 했다. 그 소리를 들은 조조는 즉시 깃발을 찢어서 목을 싸매고 달아났다.[18]

조조가 군대를 이끌고 동관(潼關)에서 마초(馬超)군과 교전을 할 때,

18) 《三國演義》58回 : 馬超, 龐德, 馬岱引百余騎, 直入中軍來捉曹操. 操在亂軍中, 只聽得西凉軍大叫 : "穿紅袍的是曹操!" 操就馬上急脫下紅袍. 又聽得大叫 : "長髯者是曹操!" 操驚慌, 掣所佩刀斷其髯. 軍中有人將曹操割髯之事, 告知馬超, 超遂令人叫拿 : "短髯者是曹操!" 操聞知, 卽扯旗角包頸而逃.

마초군에게 패배하여 후퇴하였다. 붉은 전포를 입고 긴수염을 한 자신이 공격 목표로 지목당하자 위기를 벗어나기 위해 전포와 수염을 잘라 위기의 상황을 벗어나 도망을 하였다.

전투에서 패배하여 정신없이 도망가며 수염을 자르고 도포를 버렸다는 것인데, 이는 급하면 지위고하를 막론하고 체면을 가릴 겨를 없이 행동하게 된다는 것을 말할 때 사용되어 진다.

19. 복소지란(復巢之卵)(覆巢之卵)

소설《삼국연의》40회를 보자.

조조는 노발대발하고 정위(廷尉)에게 명하여 공융을 잡아오게 했다. 공융에게는 아들 형제가 있었는데 아직 나이들이 어렸다. 때마침 그들 형제가 집에서 마주 앉아 바둑을 두고 있는데 좌우가 급히 알렸다.
"대감께서 정위한테 잡혀가셔서 이제 곧 화를 입으시게 될 텐데, 두 공자께서는 왜 빨리 몸을 피하지 않으시오?"
"부서진 둥지에 어떻게 온전한 알이 있겠는가?"
그들 형제의 말이 미처 끝나기도 전에 정위가 또 공융의 가족들을 잡으러 나왔다. 조조는 공융의 아들 형제를 포함해서 가족 전부를 참형에 처하고, 공융의 시신은 저자에 효시하게 했다.[19]

19)《三國演義》40回 : 操大怒, 遂命廷尉捕捉孔融. 融有二子, 年尙少, 時方在家, 對坐弈棋. 左右急報曰 : "尊君被廷尉執去, 將斬矣! 二公子何不急避?" 二子曰 : "破

공융(孔融)이 조조의 노여움을 사 끌려가자 주위 사람들은 공융의 두 아들들에게 피신을 권했다. 하지만 형제는 "부서진 둥지에 어떻게 온전한 알이 있겠는가?"라며 몸을 피하지 않았다. 곧바로 조조의 부하들이 들이닥쳐 공융의 식솔들은 모두 죽임을 당했다.

둥지가 부서지면 그 안의 알이 안전할 수 없다는 뜻으로 전체가 화를 당하면 그 속의 개인도 무사하지 못하다는 뜻이다.

20. 공성계(空城計)

소설 《삼국연의》 95회를 보자.

공명은 명령을 내려서 정기들을 모조리 감추게 하고, 모든 군사들로 하여금 각자의 성포를 지키게 하되, 만일 함부로 드나들거나 큰 소리로 말하는 자가 있으면 그 자리에서 목을 베라 했다. 그리고 사대문을 활짝 열게 하고, 성문마다 군사 20명씩 일반 백성의 옷차림으로 길에 나가 물을 뿌리고 쓸되, 자기에게 계책이 있으니 위병이 이르더라도 함부로 움직이지 말라고 했다. 그 다음에 공명은 학창의를 입고 윤건을 쓰고 2명의 동자에게 거문고를 들려, 성 위의 적루 앞으로 가서 난간에 기대 앉아 향을 피워놓고 거문고를 탔다.

사미의도 그것을 보자 마음에 크게 의심이 들어서 곧 중군으로 돌아

巢之下, 安有完卵乎?" 言未已, 廷尉又至, 盡收融家小幷二子, 皆斬之.

갔다. 그리고 후군을 전군으로 삼고, 전군을 후군으로 삼아 북쪽 산길로 퇴군하라고 했다. 그러자 둘째 아들 사마소가 한 마디 했다.

“제갈량이 군사가 없어서 일부러 저렇게 하는 것 아닐까요? 그런데도 아버님은 왜 당장 군사를 물리십니까?”

그러나 사마의는 머리를 내저었다.

“제갈량은 항상 신중해서 결코 위태한 짓을 한 일이 없다. 지금 성문을 활짝 열어놓고 있으니 반드시 매복이 있을 것이다. 만약 우리 군사가 전진하기만 한다면 그 계책에 빠지고 만다. 너희들이 그런 것까지 어찌 알겠느냐? 어서 빨리 퇴군해라.” 이에 양로병이 모조리 물러가고 말았다. 공명은 위병이 멀리 물러가는 것을 보자 손뼉을 치며 웃었다.[20]

소설 속 이 상황을 보면 사마의(司馬懿)가 15만 대군을 이끌고 쳐들어왔는데 공명의 군사는 2천5백에 불과했다. 공명은 직접 전투를 벌여서는 이길 수 없음을 알았기에 전투준비를 시키지 않고, 오히려 군사들로 하여금 성안의 길목을 지키게 하고 백성으로 가장하여 평온하게 거리를 쓸도록 명령하고 자신은 난간에 기대어 태연하게 거문고를 연주하였다. 이 광경을 본 사마의는 매복이 있을 것이라 의심하여

20)《三國演義》95回 : 孔明傳令, 敎“將旌旗盡皆隱匿 ; 諸軍各守城鋪, 如有妄行出入, 及高言大語者, 斬之! 大開四門, 每一門用二十軍士, 扮作百姓, 洒掃街道. 如魏兵到時, 不可擅動, 吾自有計.” 孔明乃披鶴氅, 戴綸巾, 引二小童攜琴一張, 於城上敵樓前, 憑欄而坐, 焚香操琴. 懿看畢大疑, 便到中軍, 敎後軍作前軍, 前軍作後軍, 望北山路而退. 次子司馬昭曰: “莫非諸葛亮無軍, 故作此態? 父親何故便退兵?” 懿曰: “亮平生謹愼, 不曾弄險. 今大開城門, 必有埋伏. 我兵若進, 中其計也. 汝輩豈知? 宜速退.” 於是兩路兵盡皆退去. 孔明見魏軍遠去, 撫掌而笑.

군사를 물리고 퇴군했다. 이처럼 열세의 상황에 처했을 때, 오히려 허세를 부려서 상대를 혼란시켜 위기를 극복한다는 의미이다.

21. 괄목상대(刮目相對)

정사 《삼국지 오서(吳書) 여몽전(呂蒙傳)》을 보자.

노숙이 여몽의 등을 어루만지며 말하길 : "나는 그대가 단지 무예적 재능만 있을 뿐이라 말했는데, 이제는 보니 학식이 영특하고 박식하여 오나라 시절의 그 여몽이 아니라네" 여몽이 말하길 : 선비는 헤어진지 사흘이 지나면 눈을 비비고 상대해야 할 정도로 달라져 있어야 하는 법이라네"[21]

본시 여몽은 무예에만 능했지 무식한 사람이었는데 손권의 권유로 군영에 있으면서도 공부를 하기 시작했다. 어느날 그를 찾아간 친구 노숙이 그와 대화를 하다 학식이 놀랄 정도로 달라진 걸 보고 놀라자, 여몽이 선비라면 사흘이 지나면 눈을 비비고 긴장해서 상대해야 할 만큼 몰라보게 발전해야 한다고 답한데서 유래하였다.

글자의 의미는 눈을 비비고 상대방을 대한다는 뜻으로, 상대방의 학식이나 재주가 몰라볼 정도로 엄청나게 나아졌음을 뜻한다.

---

21) 《三國志·吳書·呂蒙傳》: 肅拊蒙背曰: "吾謂大弟但有武略耳, 至於今者, 學識英博, 非復吳下阿蒙." 蒙曰: "士別三日, 卽更刮目相待."

22. 백미(白眉)

정사 《삼국지 촉서(蜀書) 마량전(馬良傳)》을 보자.

마량은 자가 계상이고 양양 의성 사람이다. 마량의 형제 다섯 명이 다 들 재능과 명성이 있었다. 고향마을에서는 그들을 편하게 얘기하길 "마씨 오상 중에서 흰눈썹이 가장 뛰어나다"라고 했다. 마량의 눈썹 가운데 흰 털이 있었기에 그를 이렇게 칭한 것이었다.[22]

역사의 기록처럼 마량(馬良)의 형제는 다섯 사람이었다. 다섯 형제는 모두 자(字)에 상(常)이란 글자가 들어 있었기 때문에 세상 사람들이 그들 형제를 가리켜 '마씨오상(馬氏五常)'이라 불렀다. 형제가 모두 재주가 뛰어났으나 그 중에서도 마량이 가장 뛰어났으므로 그 고향사람들은 형제들이 모두 뛰어나지만 그 중에서도 흰 눈썹이 가장 훌륭하다고 한 데서 유래하였다.

글자의 의미는 흰눈썹이란 뜻으로 여러 사람 중에서 가장 뛰어난 사람을 지칭할 때 사용되어진다.

22)《三國志·蜀書·馬良傳》: 馬良字季常, 襄陽宜城人也. 兄弟五人, 並有才名, 鄕裏爲之諺曰: "馬氏五常, 白眉最良." 良眉中有白毛, 故以稱之.

23. 복룡봉추(伏龍鳳雛)

소설 《삼국연의》 35회를 보자.

"공은 형양(荊襄)의 여러 군에서 어린아이들이 이런 노래를 부르는 것을 못 들어보셨소?

8, 9년 사이에 쇠잔하기 시작해
13년에 이르면 남는 것이 없으리.
필경에는 천명이 돌아갈 데 있고
진흙 속에 있던 용이 하늘로 오르리라.

이 노래는 건안 초년에 불리어지기 시작했는데, 건안 8년에 이르러 유경승이 전처를 잃고 바로 집안이 어지러워졌는데, 이것을 이른바 '쇠잔하다'하는 것입니다. '남는 것이 없다'란 멀지 않아서 유경승이 세상을 떠나고 보면 그 수하의 문관과 무장들이 다 떨어져 흩어져 남는 자가 없으리라는 것입니다, '천명이 돌아갈 데 있다'와 '용이 하늘로 오른다'라는 것은 무릇 장군을 가리킨 것입니다."

"저 같은 사람에게 그것이 어찌 당한 일이겠습니까?"

"지금 천하의 기재(奇才)가 다 이곳에 있으니, 공이 몸소 나서서 구해보시지요."

뜻밖의 말에 현덕이 물었다.

"그 천하 기재가 어디 있으며, 대체 누구입니까?"

"복룡(伏龍) 봉추(鳳雛) 두 사람 가운데 한 사람만 얻으면 가히 천하를 편안케 할 수 있을 것입니다."

"복룡 봉추란 어떤 사람들입니까?"

현덕의 묻는 말에 수경이 손뼉을 치며 크게 웃었다.

"허허, 좋소이다! 좋소이다!"

현덕이 다시 물어보려 할 때 수경은 이제 그만 이야기하자고 했다.[23]

이 말은 엎드린 용과 봉황의 새끼라는 뜻이다. 아직은 성공하지 못했지만 잠재력을 가진 인물을 비유하는 말이다. 소설에서 수경선생은 복룡과 봉추, 두 사람 중 한 사람만 얻어도 천하를 얻을 수 있다 라고 하며 그들을 높이 평가하였다. 여기에서 복룡은 제갈량을 가리키는 것이고, 봉추는 방통을 지칭하는 말이다. 실제로 유비는 덕망으로 두 사람을 다 얻었지만 봉추는 전투에서 잃어버린다. 다행이도 삼고초려를 통해 귀하게 얻은 제갈량의 도움으로 황제의 지위에 오르게 된다. 즉 대단한 잠재력을 지니고 있지만 아직은 세상에서 크게 성공하지 못한 뛰어난 능력을 지닌 사람을 지칭할 때 비유하여 사용되어 진다.

23)《三國演義》35回: "公聞荊襄諸郡小兒謠言乎？其謠曰：八九年間始欲衰, 至十三年無孑遺.到頭天命有所歸, 泥中蟠龍向天飛.此謠始於建安初：建安八年, 劉景升喪卻前妻, 便生家亂, 此所謂始欲衰也；無孑遺者, 不久則景升將逝, 文武零落無孑遺矣；天命有歸, 龍向天飛, 蓋應在將軍也."玄德聞言驚謝曰："備安敢當此！"水鏡曰："今天下之奇才, 盡在於此, 公當往求之."玄德急問曰："奇才安在？果系何人？"水鏡曰："伏龍,鳳雛, 兩人得一, 可安天下."玄德曰："伏龍,鳳雛何人也？"水鏡撫掌大笑曰："好！好！"玄德再問時, 水鏡曰："天色已晚, 將軍可於此暫宿一宵, 明日當言之."

24. 부중지어(釜中之魚)

소설《삼국연의》42회를 보자.

조조는 드디어 삼군을 호령하여 급히 진군하게 했다.

한편 현덕이 길을 떠나 한진 가까이 이르렀을 때 갑자기 뒤쪽에서 먼지가 자욱이 일어나며 북소리와 함성이 천지를 진동시켰다. 현덕은 한숨을 쉬며,

"앞에는 큰 강이 가로놓여 있고 뒤에는 추격하는 병사가 있으니 이를 어찌하면 좋겠소?"

하더니 급히 조운에게 적과 맞설 준비를 하라고 지시했다.

이때 조조가 군령을 내렸다.

"지금 유비는 솥 안에 든 물고기요, 함정에 빠진 호랑이 일뿐이다. 만약 이때에 사로잡지 않는다면 물고기를 바닷 물에 놓아주고 호랑이를 산으로 놓아 보내는 결과가 될 것이니, 모든 장수들은 힘을 다해서 앞으로 나가도록 하라."

그리하여 여러 장수들이 저마다 위세를 보이며 뒤를 쫓는데 문득 산 뒤에서 북소리가 울리며 한 떼의 군마가 뛰쳐나왔다.

"내가 여기서 너희들을 기다린 지 오래다!"

앞장 선 대장을 보니 손에 청룡도를 들고 적토마에 높이 올라앉은 관운장이었다. 앞서 관운장은 강하로 가서 군사 1만을 얻어오다가, 당양 장판파에서 싸움이 크게 벌어졌다는 소식을 듣고 급히 길을 질

러온 것이었다.[24]

솥 안에 든 물고기라는 뜻이다. 극한의 상황에 처해 목숨조차 위태로운 상황을 비유하는 말이다. 소설에서는 지금 유비는 솥 안의 물고기 상황이니 물고기를 바다로 놓아주는 실수를 범해서는 안 된다 하는 결연한 조조의 지시가 있어 죽을 위기에 처하였으나, 다행이도 관우가 나타나 목숨을 건지게 된다. 이 말은 좋지 못한 상황이 되어 선택의 여지가 없는 절대적 불리한 상태를 지칭할 때 사용되어 진다.

25. 고곡주랑(顧曲周郎)

정사 《삼국지 오서(吳書) 주유전(周瑜傳)》을 보자.

주랑은 어릴 때부터 음악에 정통하였다. 비록 술을 많이 마신 상황일지라도 연주하던 음악에 틀린 부분이 있으면 주유는 반드시 그것을 알았고, 그것을 알아내면 반드시 돌아보았다. 그래서 그 때 사람들

24) 《三國演義》 42回: 操曰 : “張飛一勇之夫, 豈有詐謀 ! ”遂傳下號令, 火速進兵.卻說玄德行近漢津, 忽後面塵頭大起, 鼓聲連天, 喊聲震地.玄德曰 : “前有大江, 後有追兵, 如之奈何 ? ”急命趙雲准備抵敵.曹操下令軍中曰 : “今劉備釜中之魚, 阱中之虎 ; 若不就此時擒捉, 如放魚入海, 縱虎歸山矣.衆將可努力向前.”衆將領命, 一個個奮威追趕.忽山坡後鼓聲響處, 一隊軍馬飛出, 大叫曰 : “我在此等候多時了 ! ”當頭那員大將, 手執青龍刀, 坐下赤▩馬, 原來是關雲長, 去江夏借得軍馬一萬, 探知當陽長阪大戰, 特地從此路截出.

은 가요에서 이렇게 말했다. "곡에 잘못된 점이 있으면 주랑이 돌아본다."[25]

여기서 주랑은 주유를 말한다. 주유는 어려서부터 음악에 조예가 깊었던 듯하다. 심지어 술을 마셔 취한 상태 임에도 음악을 듣다 곡조가 틀린 부분이 있으면 바로 알아차리고 악사를 돌아보며 힐책을 했다고 한다. 그래서 "곡조가 잘못 연주되면 주랑이 돌아본다"라는 말이 떠돌았을 정도라는 것이다. 이 말은 음악에 대단히 조예가 깊은 사람을 가리킬 때 쓰는 말이다.

26. 무명소졸(無名小卒)

소설《삼국연의》41회를 보자.

"유종아, 나는 백성들을 구하려고 할 뿐이지 다른 생각은 조금도 없으니 어서 성문을 열어라."

유종은 현덕이 왔다는 말에 그만 겁을 먹고 나오지 못하였다, 이때 채모와 장윤이 성 위로 올라서더니, 군사들을 시켜 성 아래를 향해 어지러이 활을 쏘게 했다. 성문 밖에 이른 백성들이 모두 성루 위를 바라보며 통곡을 하고 있을 때 별안간 성안에서 웬 장수 하나가 수백

25)《三國志 吳書 周瑜傳》: 瑜少精意於音樂, 雖三爵之後, 其有闕誤, 瑜必知之, 知之必顧.故時人謠曰 : '曲有誤, 周郎顧.'

명의 군사를 이끌고 성루 위로 올라가 큰 소리로 꾸짖었다.

"이 매국 역적 채모 장윤아! 유 사군은 인자하고 덕망이 높으신 분이라 지금 백성들을 구하려고 찾아오셨는데, 어찌하여 맞아들이지 않고 이런단 말이냐?"

모두들 쳐다보니 그 사나이는 키가 8척이요, 얼굴은 무르익은 대추빛이다. 그는 본래 의양(義陽) 사람으로 성은 위(魏), 이름은 연(延), 자는 문장(文長)이다. 위연은 칼을 휘둘러 문지기 장수와 군사들을 쳐 죽이고 성문을 활짝 열어 조교를 내린 다음에 소리 높이 외쳤다.

"유 황숙은 어서 군사를 거느리고 성안에 들어오셔서 함께 매국노들을 죽입시다!"

장비가 성큼 말을 달려 성 안으로 들어가려 하자 현덕이 급히 소리쳐 일렀다.

"백성들을 놀래지 않도록 하게!"

위연이 현덕을 향해 빨리 군사를 거느리고 성 안으로 들어오기를 재촉하는데, 다른 한 장수가 성 안으로부터 군사를 이끌고 말을 달려 나왔다.

"위연아, 네가 한낱 무명소졸로서 어찌 감히 난을 일으킨단 말이냐? 대장 문빙(文聘)을 네가 알아보겠느냐?"

문빙의 호통에 위연은 발끈 노하여 창을 꼬나들고 말을 몰아 문빙에게 달려들었다. 양편 군사들이 또한 성곽 밑에서 혼전을 벌여 함성이 천지를 진동시켰다. 현덕이 그것을 보고 공명에게 말했다.

"본시 백성들을 보호할 생각으로 여기까지 온 것인데 도리어 백성들을 해치게 되었구려. 나는 양양성 안에 들어가지 않을 테요."

"그러면 강릉은 형주의 요충지이니 먼저 강릉을 취해서 기초를 잡읍시다."

공명의 말에 현덕은 고개를 끄덕였다.[26]

이름이 없는 말단 병사라는 뜻이다. 그 지위가 높지 않고 이름조차 알려지지 않은 미미한 존재의 사람을 가리키는 말이다. 소설을 보면 일방적으로 공격을 당하고 있는 유비를 도우려고 나타나 성문을 열어젖힌 위연을 향해 문빙은 하찮은 무명소졸의 인물이 어찌 감히 적을 도우려 하느냐 하며 위연에게 욕을 하였다.

이 말은 유명하지 않은 보잘 것 없는 일반적 사람을 비유할 때 사용되어 진다.

26)《三國演義》41回: "劉琮賢侄, 吾但欲救百姓, 並無他念.可快開門."劉琮聞玄德至, 懼而不出.蔡瑁,張允徑來敵樓上, 叱軍士亂箭射下.城外百姓, 皆望敵樓而哭.城中忽有一將, 引數百人徑上城樓, 大喝："蔡瑁,張允賣國之賊！劉使君乃仁德之人, 今爲救民而來投, 何得相拒！"衆視其人, 身長八尺, 面如重棗；乃義陽人也, 姓魏, 名延, 字文長.當下魏延輪刀砍死守門將士, 開了城門, 放下吊橋, 大叫："劉皇叔快領兵入城, 共殺賣國之賊！"張飛便躍馬欲入, 玄德急止之曰："休驚百姓！"魏延只管招呼玄德軍馬入城.只見城內一將飛馬引軍而出, 大喝："魏延無名小卒, 安敢造亂！認得我大將文聘麽！"魏延大怒, 挺槍躍馬, 便來交戰.兩下軍兵在城邊混殺, 喊聲大震.玄德曰："本欲保民, 反害民也！吾不願入襄陽！"孔明曰："江陵乃荊州要地, 不如先取江陵爲家."玄德曰："正合吾心."

27. 낙불사촉(樂不思蜀)

소설 《삼국연의》 119회를 보자.

사마소는 그 말을 옳게 여겨 유선을 안락공(安樂公)으로 봉하여 저택을 내리고 다달이 용돈을 주며 비단 1만 필과 노비 1백 명도 내리고, 그의 아들 유요와 신하 번건 초주 극정 등은 모두 후작에 봉했다. 후주는 사례하고 궁중에서 물러나왔다

(중략)

이튿날 후주는 친히 사마소의 부중으로 찾아가서 절을 하고 사례했다. 사마소는 그를 맞아 연회의 자리를 베풀었는데 먼저 위나라의 풍악을 울리며 앞에서 춤추고 놀게 하니 촉나라 관원들은 모두 마음에 비감해하건만 유독 후주만은 얼굴에 희색을 띠고 있었다. 다음에 사마소는 촉나라 사람들을 시켜 촉나라 풍악을 울리게 했는데, 촉나라 관원들은 모두 눈물을 흘렸으나 후주는 희희낙락하고 있었다.

술이 거나해지자 사마소는 가충에게,

"아무리 사람이 감정이 없기로 저 지경에까지 이른단 말이오? 제갈공명이 살아 있었어도 오래 보좌할 수 없었을 터인데 하물며 강유가 어찌하겠소?"

하더니 이번에는 후주를 보고 물었다.

"서촉 생각이 나지 않소?"

후주는 대답했다.

"여기가 좋아서 촉 생각은 하지 않습니다."[27]

즐거움에 젖어 촉나라를 생각하지 않는다는 뜻이다. 사마소는 항복한 촉의 후주 유선을 초대한 연회에서 그의 마음 상태를 알아보기 위해 촉나라의 가락을 연주하게 시켰다. 이 촉나라 음악을 듣고 주위 신하들은 나라를 잃은 슬픔의 기색을 보였으나, 유선은 아무렇지도 않게 오히려 음악을 즐기며 여기가 즐거우니 촉이 그립지 않다 라고 대답하였던 것이다. 한마디로 군주의 입에서 나올 수 없는 어이없는 말이 나온 것이다. 그의 군주로서의 자질이 모자람을 잘 알 수 있는 장면이다. 이 이야기는 소설 <삼국연의> 119회는 물론《三國志 蜀書 後主傳)》에도 기록되어 있다.

이 말은 쾌락에 빠져서 본분을 망각하는 어리석은 인물을 비유할 때 쓰이는 말이다.

27)《三國演義》119回: 昭乃封禪爲安樂公, 賜住宅, 月給用度, 賜絹萬匹, 僮婢百人.子劉瑤及群臣樊建,譙周,郤正等, 皆封侯爵.後主謝恩出內.[中略] 次日, 後主親詣司馬昭府下拜謝.昭設宴款待, 先以魏樂舞戲於前, 蜀官感傷, 獨後主有喜色.昭令蜀人扮蜀樂於前, 蜀官盡皆墮淚, 後主嬉笑自若.酒至半酣, 昭謂賈充曰 : "人之無情, 乃至於此 ! 雖使諸葛孔明在, 亦不能輔之久全, 何況薑維乎 ?"乃問後主曰 : "頗思蜀否 ?"後主曰 : "此間樂, 不思蜀也."

28. 불구문달(不求聞達)

소설 《삼국연의》 91회를 보자.

그 이튿날 후주가 이른 아침에 문무 관원을 다 모아놓았을 때 공명이 반열에서 나가 출사표(出師表) 글을 올렸다. 그 내용은 바로 이러하였다.

신 량(亮)은 아룁니다. 선제께서 창업을 미처 끝내지 못하신 채 중도에 붕어하시고, 지금 천하는 셋으로 나뉘어져 있는데, 익주(촉)가 피폐하니 진실로 위급하여 존망을 알 수 없는 시점입니다. 그러나 보좌하는 신하가 안에서 게을리 아니 하고, 충성스러운 뜻을 가진 장수들이 밖에서 제 몸을 돌보지 않음은 모두가 선제의 수우(殊遇)를 추모하여 이를 폐하께 보답하려 하는 것입니다.

(중략)

바라건대 폐하께서 친근히 대하시고 믿고 쓰신다면 한실의 번성을 가히 날을 꼽아 기다리실 수 있으실 것입니다. 신은 본래 미천한 몸으로서 겨우 남양에서 밭을 갈면서 어지러운 세상 속에 목숨 온전하기만을 원하여 제후에게 문달(聞達)함을 바라지 않았는데, 선제께서 신을 비천하고 부족하다 여기지 않으시고 스스로 몸을 굽히셔서 세 번이나 저의 초가로 오시어 당시 세상의 일을 물으시니, 이에 감격하여 드디어 선제께 몸을 바쳐 힘을 다하기로 하였습니다.[28]

---

28) 《三國演義》 91回: 次日, 後主早朝, 大會官僚, 孔明出班, 上《出師表》一道.表曰 : "臣亮言 : 先帝創業未半, 而中道崩殂 ; 今天下三分, 益州罷敝, 此誠危急

높은 지위나 명성을 구하지 않는다는 뜻이다. 제갈량이 출병을 위해 유비의 아들 후주 유선에게 올린 <출사표(出師表)> 문장에 보인다. 소설 삼국연의 91회에 들어 있고 또한《三國志 吳書 周瑜傳)》에도 기록되어 있다. 세상의 일반인들은 예나 지금이나 자신의 출세와 영달을 위해 애써 스스로 자신의 자질을 꾸며 다른 사람에게 높게 보이려 하고, 능력을 과장하여 높은 사람들에게 잘 보이려고 한다. 그러나 제갈량은 지위나 명성을 추구하지 않고 조용히 초야에 묻혀 지냈던 것인데, 유비의 몸을 낮춘 예우에 감동하여 세상에 나왔던 것이다.

이 말은 애써 지위나 명성을 추구하지 않고 묵묵히 자신의 일에 충실하며 성실하게 살아가는 사람들의 모습을 비유할 때 사용되어 진다.

29. 고육지계(苦肉之計):

소설《삼국연의》46회를 보자.

한편 주유가 밤에 장중에 앉아 있는데 문득 황개가 슬그머니 들어왔다.

"공이 밤중에 온 걸 보니 필시 좋은 계책이 있는가 보구려."

存亡之秋也.然侍衛之臣, 不懈於內；忠志之士, 忘身於外者：蓋追先帝之殊遇, 欲報之於陛下也.[中略] 願陛下親之,信之, 則漢室之隆, 可計日而待也.臣本布衣, 躬耕南陽, 苟全性命於亂世, 不求聞達於諸侯.先帝不以臣卑鄙, 猥自枉屈, 三顧臣於草廬之中, 諮臣以當世之事, 由是感激, 遂許先帝以驅馳.

"적병은 많고 우리 군사는 적은 상황이니, 시간을 오래 끄는 것은 불리하기만 합니다. 어찌하여 화공을 하지 않으십니까?"

"누가 공더러 그 계책을 말하라고 일러주었는가?"

"저가 혼자 생각해낸 것이지 누가 일러준 것이 아닙니다."

"나도 바로 그런 생각이오. 해서 거짓 항복해 온 채중과 채화를 받아주고 오히려 그들에게 소식을 전하게 하려하는데, 단지 나를 위해서 거짓 항복하는 계략을 써줄 사람이 없어 걱정하고 있는 중이오."

"저가 한번 그 계책대로 해보고 싶습니다."

"극심한 고통을 받지 않고서는 아무래도 적이 믿지 않을 것이오."

"저가 손씨의 두터운 은혜를 입은 만큼 설사 목숨을 잃는다 해도 후회하지 않을 것입니다."

주유는 황개에게 절을 하고 사례하였다.

"그대가 이 고육계(苦肉計)를 써준다면 실로 강동에 이보다 더 다행한 일이 없겠소."

"이 황개는 죽는 한이 있더라도 원망하지 않겠습니다."

황개는 감사를 표하고 물러갔다.[29]

29)《三國演義》46回: 卻說周瑜夜坐帳中, 忽見黃蓋潛入中軍來見周瑜.瑜問曰 : "公覆夜至, 必有良謀見教 ?"蓋曰 : "彼衆我寡, 不宜久持, 何不用火攻之 ?" 瑜曰 : "誰教公獻此計 ?"蓋曰 : "某出自己意, 非他人之所教也."瑜曰 : "吾正欲如此, 故留蔡中,蔡和詐降之人, 以通消息 ; 但恨無一人爲我行詐降計耳."蓋曰 : "某願行此計."瑜曰 : "不受些苦, 彼如何肯信 ?"蓋曰 : "某受孫氏厚恩, 雖肝腦塗地, 亦無怨悔."瑜拜而謝之曰 : "君若肯行此苦肉計, 則江東之萬幸也." 蓋曰 : "某死亦無怨."遂謝而出.

육체적으로 고통스러운 계책이란 뜻이다. 소설을 보면 적벽대전 당시 조조를 속이기 위해 주유와 황개가 사용한 계책이다. 자기 몸을 상해 가면서까지 꾸며 내는 계책이라는 의미 인데, 처해 있는 어려운 상태를 벗어나기 위해 상대를 반드시 속여야만 하는 상황에서 어쩔 수 없이 꾸며 내는 계책을 이르는 말이다.

30. 총중고골(塚中枯骨):

소설 《삼국연의》 11회를 보자.

"오늘날 한나라 황실이 쇠락하여 세상이 뒤집어 질 상황이니, 대장부가 공을 세우는 것은 바로 이런 때라 하겠습니다. 서주로 말하면 식량이 풍부하고 호구가 백만이나 되는 곳이니 유 사군께서는 사양 마시고 맡으십시오."

"아무리 그렇다 해도 이 일만은 결코 분부한대로 따르지 못하겠습니다."

현덕이 굳이 사양하니, 이번에는 진등이 나서서 권유 하였다.

"도 부군께서는 병이 깊어셔서 제대로 공무를 보지 못하시는 상태이니, 부디 공께서는 사양하지 마시지요."

"원공로(원술)는 4세3공(四世三公)의 명문가문이라 세상의 민심이 따르고 있고, 또한 여기서 가까운 수춘(壽春)에 있는데, 어찌하여 그에게 물려주지 않으십니까?"

현덕이 사양하다 못해 원술에게 돌리려 하니 공융이 나서서 권유했다.

"원공로는 이미 무덤 속의 해골이니 뭐라 말할 것이 없습니다! 오늘 일은 하늘이 내리시는 것이니, 공께서 받지 않으신다면 후회막급일 겁니다."

현덕이 계속 고집을 부리며 듣지 않으니 도겸이 눈물을 흘렸다.[30]

무덤 속의 마른 뼈라는 뜻이다. 죽은 시체나 다름없는 무능한 사람을 가리키는 말이다. 소설 삼국연의에서 공융은 유비가 한사코 서주의 주인자리를 사양하다 오히려 원술을 거명하며 그에게 서주를 맡길 것을 얘기하자 원술은 무덤 속의 마른 뼈 같은 상태라며 한마디로 일축해 버린다.

이 말은 죽은 시체나 다름없이 아무런 존재감도 없고 능력 없는 미미한 사람을 가리킬 때 사용하는 말이다.

30)《三國演義》11回: "今漢室陵遲, 海宇顚覆, 樹功立業, 正在此時.徐州殷富, 戶口百萬, 劉使君領此, 不可辭也."玄德曰 : "此事決不敢應命."陳登曰 : "陶府君多病, 不能視事, 明公勿辭."玄德曰 : "袁公路四世三公, 海內所歸, 近在壽春, 何不以州讓之？"孔融曰 : "袁公路塚中枯骨, 何足掛齒！今日之事, 天與不取, 悔不可追."玄德堅執不肯.陶謙泣下.

제11장
《三國演義》 속의 시가

소설 《삼국연의》에는 소설의 내용 전개과정 곳곳에 시가가 들어 있다. 이 시가들은 소설 흐름의 핵심을 보여주고, 인물들의 심리 감정상태를 집약적으로 나타내기도 하며 또한 주요 사건의 장면과 상황을 묘사하는데 적절히 사용되어지고 있다.

[1] 제1회 영웅로영(英雄露穎)

英雄露穎在今朝, 一試矛兮一試刀.
初出便將威力展, 三分好把姓名標.

영웅(장비와 관우)의 남다른 재능이 오늘날에야 드러나네,
한 사람은 창을 쓰고 한 사람은 칼을 휘두르네.
처음 출전한 장수들이 위엄 있는 무력을 발휘하여,
삼분되어지는 천하에 이름을 표해두었네.

관우(關羽)와 장비(張飛)의 무용을 묘사한 시이다. 유비(劉備), 장비,

관우가 도원결의한 후 오백 명의 탁군(涿郡) 지역의 병사들을 이끌고 유주(幽州)태수 유언(劉焉)이 모집하는 관군에 참가하러 갔다. 이 시는 삼국시대의 중심인물이 될 관우와 장비가 첫 전투에 참가해 황건적 장수 정지원(鄭志遠)과 그의 부장 등무(鄧茂)를 참수하고 황건군을 크게 이긴 사건을 칭송하고 있다. 관우와 장비의 비범한 재능과 용맹스런 모습을 잘 묘사하고 있다.

[2] 제4회 소제결별가(少帝訣別歌)

天地易兮日月翻, 棄萬乘兮退守藩.
爲臣逼兮命不久, 大勢去兮空淚潸?

하늘과 땅이 바뀌고, 해와 달이 뒤집어 지니,
만승을 버리고 물러나 변방으로 밀려났네.
신하에게 핍박 받으니 목숨이 얼마 남지 않았네,
대세는 이미 기울었는데 부질없이 눈물만 흐르는구나.

동탁에게 죽음을 당하게 되는 소제(少帝)가 죽음을 앞두고 지은 시이다. 소제는 반년이라는 짧은 기간 동안 황위에 있다가 폐위되었다. 동탁(董卓)이 부하 이유(李儒)를 시켜 독주로 소제를 죽이려 하였다. 소제는 죽음에 이르러 황후 당비(唐妃)와 이별하게 되자 이 시를 지었다. 슬픔을 크게 드러내지는 않았지만 깊은 절망감을 느낄 수 있다.

[3] 제4회 당비결별가(唐妃訣別歌)

皇天將崩兮後土頹, 身爲帝姬兮命不隨.
生死異路兮從此畢, 奈何煢速兮心中悲.

하늘이 곧 무너지려하니 땅도 꺼지려 하네.
몸은 황제의 아내이지만 운명은 따를 수가 없네.
생사의 길이 다른 길 되어버려 여기서 끝이 나는구나.
어찌 이토록 홀로됨이 빨리 와 가슴엔 슬픔만이 넘치네.

소제(少帝)가 죽음을 앞두고 시를 한 수 짓자, 황후 당비(唐妃)가 이에 화답한 시이다. 죽임을 눈앞에 두고 부부의 이별을 안타까워하고 있는데 극도의 비통함이 마음을 매우 아프게 한다. 당비는 황제를 대신해 죽으려고 하였으나 동탁의 장수 이유에게 거절당한다. 이유는 결국 당비를 목 졸라 죽이고 이어 독주를 억지로 먹여 18세 소제를 죽이고 만다.

[4] 제8회 일점호두(一點櫻桃)

一點櫻桃啓絳唇, 兩行碎玉噴陽春.
丁香舌吐銜鋼劍, 要斬奸邪亂國臣.

작은 앵두 같은 붉은 입술 열어,
백옥 같은 흰 치아 드러내며 양춘가를 부르네.
혀끝으로 강한 칼날을 뱉어내어,
간사한 난신을 참하려고 하네.

사도 왕윤이 초선(貂蟬)을 동탁에게 소개하는 대목에서 초선의 미색을 묘사한 시이다. 이에 동탁(董卓)은 초선의 미색에 빠져 헤어나지 못했다. 이에서 보듯이 왕윤은 처음부터 초선을 이용한 미인계의 의도를 분명히 지니고 있었던 것이다.

[5] 제9회 사도묘산(司徒妙算)

司徒妙算托紅裙, 不用幹戈不用兵.
三戰虎牢徒費力, 凱歌卻奏鳳儀亭.

사도 왕윤이 묘한 계책을 초선의 다홍치마에 맡기니,
무기를 쓰고 군대 이끌어 전쟁할 필요가 없구나.
세 번이나 호뢰관에서 싸운 것은 헛되이 힘을 쓴 것이네.
승리의 노래 오히려 봉의정에서 울릴 것을.

왕윤의 초선을 이용한 미인계의 절묘함을 칭찬하는 시이다. 왕윤은 초선을 이용해 동탁과 여포 부자사이를 이간질하여 아들 여포의 손을 빌어 동탁을 죽여 버렸다. 전쟁 한 번하지 않고 승리를 거둔 대단한 전략으로써 누구나가 감탄할 만한 묘한 계책이라 아니할 수 없는 것이다.

[6] 제10회 조조간웅(曹操奸雄)

曹操奸雄世所誇, 曾將呂氏殺全家.
如今闔戶逢人殺, 天理循環報不差.

간사한 영웅 조조가 세상에 자랑 질하며,
일찍이 여씨 일가를 몰살하였다네.
이제 자신의 온 식구가 도리어 죽임을 당했으니,
하늘의 이치는 돌고 돌아 응보에 틀림이 없구나.

간사한 영웅 조조를 비난하는 시이다. 조조가 연주(兗州)에 거점을 두고 자기 기반을 잡은 후, 낭야(琅琊)에 숨어 살던 부친과 일가 40여 명을 데리러 사람을 보냈다. 서주(徐州)를 지날 때 서주태수 도겸(陶謙)은 조조의 가족을 환대하고 배웅하였으며 이후 일정에 호위 병력까지 붙여주었다. 그러나 뜻밖에도 호위를 맡은 장수가 재물이 탐나 도적으로 변해 조조의 가족을 모두 죽여 버렸다. 조조는 예전에 자신의 지나친 의심 때문에 여백사(呂伯奢)의 가족을 몰살시킨 일이 있었다. 이러한 조조 가족의 몰살은 이전 조조가 저지른 만행에 대한 업보를 받은 것이라는 것이다.

[7] 제17회 할발대수(割髮代首)

十萬貔貅十萬心, 一人號令衆難禁.

撥刀割髮權爲首, 方見曹瞞詐術深.

10만의 용맹한 군대는 마음도 10만이어서,

한 사람의 호령으로는 모두를 금하게 하는 것이 어렵다네.

칼을 빼어 머리카락을 잘라 머리를 대신하니,

비로소 조조의 거짓 술수의 깊이를 볼 수 있게 되는구나.

조조의 간교함을 잘 보여주는 시이다. 조조가 장수(張綉)를 토벌하기 위해 행군하는데 전쟁 때문에 도망가느라 추수하지 않은 밀밭을 보았다. 이에 병사들에게 밀밭을 밟으면 참수하겠다고 명령했다. 그런데 뜻하지 않게 조조가 탄 말이 비둘기가 갑자기 날아오르는 것에 놀라 밀밭에 들어가 밭을 망쳐버렸다. 조조는 칼로 자신의 목을 베는 대신 머리카락을 베어버려 자신의 말을 지키려 하였다. 이는 자신이 정한 규율을 자신이 위반하자 원칙대로 집행하지 않고 간교한 술수로 대체한 것이다.

[8] 제19회 상인아호(傷人餓虎)

傷人餓虎縛休寬, 董卓丁原血未幹.

玄德旣知能啖父, 爭如留取害曹瞞?

사람 죽인 굶주린 호랑이(여포)의 포박을 풀어주지 못하는 것은,

동탁과 정원의 피가 아직 마르지 않았기 때문이라네.

유비 그대는 여포가 그 애비(동탁) 잡아먹은 것을 알면서

어찌하여 살려뒀다 조조를 죽이는데 활용하지 않았는가?

여포의 죽음 앞에서 보여준 유비의 태도를 알 수 있는 시이다. 여포가 조조에게 패하여 죽음에 처하게 되자 유비에게 자신을 도와달라고 요청했다. 유비는 여포가 조조에게 충성을 약속하며 구명을 요청하는 그 순간에 자신을 배반해 곤경에 처하게 만들었던 여포의 지난날 일에 대한 자신의 원한은 한 마디도 하지 않고 단지 조조에게 동탁과 정원의 전철을 밟지 말라고 건의했다. 이에 조조는 유비의 이 말을 듣고 여포를 죽여야겠다고 결심하고 그를 죽여 버린다.

[9] 제21회 둔개금쇄주교룡(頓開金鎖走蛟龍)

束兵秣馬去匆匆, 心念天言衣帶中.

撞破鐵籠逃虎豹. 頓開金鎖走蛟龍.

병마를 정리하여 황급히 떠나면서,
마음속으로는 옷 속에 숨겨진 황제의 비밀 조서를 생각하네.
철창을 부수고 호랑이와 표범이 달아나듯 하고,
쇠사슬을 깨뜨리고 교룡이 도망치듯 했다네.

유비가 조조를 벗어나는 장면을 묘사한 시이다. 유비는 조조에게 의탁한지 얼마 되지 않아, 동승(董承)이 주도한 반조조 모의에 남몰래 가입했다. 동승이 몰래 찾아와 내민 황제의 밀지에 뜻을 같이 한다는 서명을 한 것이다. 이후 조조의 위협을 느낀 유비는 조조의 위해를 피하기 위해 유비는 원술을 치겠다는 이유를 들어 출병을 요청했다. 조조가 출병을 허락하자 유비는 곧바로 병기와 군마를 정비하고 이토록 급히 감옥 같았던 조조의 곁을 벗어났던 것이다.

[10] 제23회 예형지사(禰衡之死)

黃祖才非長者儔, 禰衡珠碎此江頭.
今來鸚鵡洲邊過, 惟有無情碧水流.

황조는 예형과 같이 덕망 있는 사람이 아니기에,
구슬 같은 예형은 이 강가 앵무주에서 깨져 죽어버렸네.
오늘 이 앵무주 물가를 지나가보니,
무정한 푸른 강물만이 흘러가고 있네.

황조(黃祖)에게 피살당한 예형을 탄식한 시이다. 황조(黃祖)는 동한 말기의 장수이다. 예형은 소설을 보면 공융이 24세의 젊은 나이에 성품이 공명정대한 영특한 사람이라며 조조에게 천거를 했다. 그는 지나치게 성격이 불같고 온순하지 않았으며 말하는 것이 너무 직선적이었다. 조조 유표를 거쳐 황조에게 보내지는데, 황조의 인물됨을 냉정하게 평가하자 이에 격분한 황조가 그를 죽여버린다. 이 시는 학식과 명망은 높았지만 세상 사람들과 어울리지 못한 예형의 성격을 생각해보게 하지만, 동시에 황조가 재능 있는 선비 예형을 죽인 무정한 사람임을 질책하고 예형의 죽음을 안타까워하고 있다. 이후 황조는 예형을 죽인 것을 무척 후회했고 후하게 장사지내 앵무주에 묻어 주었다.

[11] 제24회 단심자시족천추(丹心自是足千秋)

書名尺素矢忠謀, 慷慨思將君父酬.
赤膽可憐捐百口, 丹心自是足千秋.

흰 비단에 이름 적어 충성을 맹세하고,
비분강개하여 황제위해 보답할 것을 다짐하네.
충심으로 인해 가련하게도 온 식구 참수 당하였지만,
그 충절은 마땅히 대대손손 전해질 것이라네.

왕자복, 종집(種輯), 오석(吳碩), 오자란(吳子蘭) 네 사람의 충심을 칭송한 시이다. 조정 찬탈의 역심을 품은 조조의 횡포가 나날이 심해지자 동승이 왕자복 등과 논의하여 조조를 제거하려 모의하였다. 허나 동승에게 매를 맞고 앙심을 품은 하인의 밀고로 이는 실패로 끝나버린다. 이들 네 사람은 동승이 주도한 반조조 모의에 참가했기 때문에 조조에게 멸문의 화를 당하게 된다. 이 시는 그들의 한 왕실에 대한 무한한 충성을 칭찬하는 것이다.

[12] 제25회 위경삼국(威傾三國)

威傾三國著英豪, 一宅分居義氣高.
奸相枉將虛禮待, 豈知關羽不降曹.

삼국에 위용을 떨친 영웅 관우는
한 집을 형수들과 나누어 거주하니 의로운 기개 높기만 하네.
간사한 조조 헛된 예우로 관우를 대하지만,
관우가 한나라 항복한 것이지 조조에게 항복한 것 아님을 모르네.

관우의 의리와 절개를 칭송한 시이다. 유비는 패전하고, 장비는 망탕산(芒碭山)에서 곤경에 빠지고, 관우도 조조의 군대에 포위당하게 된다. 이에 관우는 부득이 '한나라에 투항한 것이지 조조에게 투항한 것은 아니다'는 것을 전제로 잠시 조조에게 귀순한다. 조조는 관우의 마음을 잡기 위해 연회를 베풀고 금은보화를 주고 미녀를 바쳤다. 하지만 관우는 조조의 의도와는 달리 온갖 유혹에도 아랑곳하지 않고, 두 형수에 대한 예의를 지키면서 줄곧 주군 유비만을 그리워하였다. 관우의 충의(忠義) 정신을 잘 알 수 있는 시이다.

[13] 제28회 고성취의(古城聚義)

當時手足似瓜分, 信斷音稀杳不聞.
今日君臣重聚義, 正如龍虎會風雲.

당시 수족이 쪼개지 듯 흩어진 후에,
소식 끊겨 생사 알 수 없었네.
오늘날 군신이 의로서 다시 만나니,
마치 용과 호랑이가 어우러져 풍운을 일으키듯 하도다.

유비 삼형제가 다시 모여 의기투합함을 묘사한 시이다. 유비가 조조에게 패한 이후, 삼형제는 뿔뿔이 흩어져 서로 소식을 알지 못했다. 후에 장비가 고성(古城)을 탈취하고, 관우는 두 형수를 보호하며 조조에게 은혜를 갚고 떠나오고, 유비 또한 원소에게서 벗어나와 결국 삼형제는 다시 장비의 고성에 모이게 된다. 처음 맺은 의리를 잊지 않고 각자가 처한 어려움을 극복하여 다시 모인 삼형제의 전도양양한 아름다운 모습을 묘사하고 있다.

[14] 제30회 허유기원(許攸棄袁)

本初豪氣蓋中華, 官渡相持枉歎嗟.
若使許攸謀見用, 山河爭得屬曹家?

원소의 호방한 기세가 중원을 뒤덮드니,
관도에서 조조와 대치하며 어찌 탄식을 하는가.
만약 원소가 허유의 좋은 전략을 들어 썼더라면,
이 강산이 어찌 조씨 집안으로 넘어갔겠는가!

원소의 어리석음을 탄식한 시이다. 본초(本初)는 원소의 자이다. 허유는 원래 원소의 참모였는데 중용되지 않자 원소를 버리고 조조에게 귀순하였다. 허유가 조조에게 귀순하기 이전, 관도에서 양군이 오래 대치중일 때 허유는 관도로 병력이 집결되어 비어 있는 허창(許昌)을 공략하라고 건의했다. 하지만 원소는 건의를 듣지 않고 오히려 허유를 파면했다. 허유는 억울하고 분한 마음에 조조에게 귀순하게 된다. 허유는 조조에게 원소 진영의 군수품 창고를 태워버리면 원소 군대는 자중지란에 빠질 것이라 건의하였다. 조조는 허유의 건의를 받아들였고 이로 인해 전쟁의 국면은 전환되어 결국은 원소가 패배하게 된다.

[15] 제41회 휴민도강(攜民渡江)

臨難仁心存百姓, 登舟揮淚動三軍.

至今憑吊襄江口, 父老猶然憶使君.

어려움에 닥쳐서도 어진 마음은 백성을 지키려 하여,

배에 올라서도 눈물을 훔치니 삼군이 감동하였다네.

지금까지도 양강 어귀에서 그 자취 추모하며,

사람들은 여전히 유비를 그리워하네.

유비의 덕을 칭송한 시이다. 그의 인의(仁義)와 애민 정신을 칭찬하고 있다. 조조에게 패전한 유비가 번성(樊城)에서 철수할 때 10만이 넘는 백성들이 따라가길 원하였다. 부하 장수들은 백성이 너무 많으면 조조의 추격 군과 싸우기 힘드니 백성들을 버리자고 건의했다. 유비는 울면서 큰일을 이루려는 자는 사람을 근본으로 삼아야 하므로 백성을 버릴 수 없으니 천천히 같이 가자고 말했다. 유비가 백성들 이끌고 강을 건넌 사실을 적고 있는데, 세월이 흘러도 어진 임금 유비에 대한 사람들의 존경심이 여전함을 알 수 있게 한다.

[16] 제49회 차동풍(借東風)

七星壇上臥龍登, 一夜東風江水騰.
不是孔明施妙計, 周郎安得逞才能?

칠성단에 제갈량이 올라 기도하니,
하루 밤에 동풍이 불어 강물이 출렁이네.
제갈량이 묘책을 부리지 않았다면,
주유가 어찌 자신의 재능을 펼칠 수 있었으랴!

제갈량의 신묘한 능력을 찬탄한 시이다. 적벽대전 하루 전날 저녁, 주유는 전쟁 걱정에 병이 났다. 제갈량은 조조를 격파하려면 화공을 써야만 한다고 했다. 이를 위해 모든 것을 다 갖추었고 단지 동풍이 불기만 기다리면 된다고 말했다. 주유가 놀라며 비법을 물으니, 제갈량은 남병산(南屛山)에 칠성단을 세워 동풍이 불게 대 주유를 돕겠다고 한다. 소설을 보면 신기하게도 결국 동풍은 불어 왔고 주유는 대승하게 된다.

[17] 제61회 절강탈주찬조운(截江奪主贊趙雲)

昔年求主在當陽, 今日飛身向大江.
船上吳兵皆膽裂, 子龍英勇世無雙.

예전에 當陽에서 아두를 구하더니,
오늘은 또 몸을 날려 장강으로 달려갔네.
배 위의 오나라 병사들 모두 간담이 찢어질 정도로 놀라게 하니,
조자룡의 영특함과 용맹함은 세상에 견줄 자가 없도다.

조자룡의 영특하고 용맹함을 칭찬한 시이다. 유비가 사천을 얻었을 때, 손권은 형주를 탈환하고자 군대를 이끌고 배 5척에 나눠 타서 형주로 잠입했다. 손권은 유비를 압박하기 위해 유비의 아들 아두(阿斗)를 유인해 오나라로 데리고 가려 했다. 이 소식을 들은 조자룡이 배를 타고 추격하여 결국 아두를 구해서 돌아 왔다. 조자룡이 아두를 또 다시 구한 일을 적고 있다.

[18] 제79회 칠보시(七步詩)

煮豆燃豆萁, 豆在釜中泣.
本是同根生, 相煎何太急?

콩을 삶는데 콩대로 불을 지피니,
콩은 솥 안에서 눈물을 흘리네.
본래 한 뿌리에서 태어났건만,
볶아대기가 어찌 이다지도 급하단 말인가!

조식(曹植)이 형 조비(曹丕)의 핍박함을 원망하는 시이다. 조비는 조조가 죽자 즉위한 후 권력쟁탈을 하며 여러 형제를 죽였다. 조비는 문학적 재능이 뛰어난 동생 조식에게 형제를 묘사하는 시를 일곱 걸음 걷는 동안 지으라고 압박했다. 조식이 일곱 걸음 안에 이 시를 지었다. 조비는 자신이 아우를 핍박하는 것을 묘사한 시의 내용에 눈물 흘리며 조식을 살려주게 된다. 콩을 삶는데 콩대로 불을 지핀다는 표현은 콩과 콩대를 형제관계로 비유하여 형제살육의 비정함을 강조한 것이다. 콩이 솥 안에서 눈물을 흘린다는 표현으로 조식은 자신의 처지와 심정을 묘사하며 형에 대한 원망과 분노를 표현하고 있다.

[19] 제93회 매사왕랑(罵死王郎)

兵馬出西秦, 雄才敵萬人.
輕搖三寸舌, 罵死老奸臣.

군대를 이끌고 서진 땅을 치러 나선 제갈량,
뛰어난 재능으로 적군 만 명을 대적하네.
전쟁에서 세치 혀를 가볍게 놀려서,
늙은 간신을 조롱하여 죽게 하였네.

제갈량의 능력을 칭송한 시이다. 서진(西秦)은 5호16국 중의 하나, 서진은 오늘날 감숙성(甘肅省) 서남쪽을 차지했었다. 늙은 간신은 왕랑(王郞)을 말하는데, 위나라의 원로 중신이었다. 제갈량이 위나라 토벌에 나서 파죽지세로 승리를 거두자 위나라는 두려워하며 왕랑을 대장군으로 삼아 상대하게 하였다. 제갈량과 왕랑이 서로 대치중일 때, 왕랑이 먼저 제갈량이 천명을 어기고 인정을 배반하였다고 욕을 했다. 이에 제갈량은 왕랑이 한나라를 배반하고 아첨하여 위나라의 대신이 되었다는 사실로 그를 욕하게 된다. 제갈량에게 모욕당한 왕랑은 스스로 분을 이기지 못해 죽어 버렸다. 제갈량의 탁월한 변론 재능과 지혜를 잘 표현하고 있다.

[20] 제102회 관흥지사(關興之死)

生死人常理, 蜉蝣一樣空.
但存忠孝節, 何必壽喬松.

사람의 삶과 죽음은 세상의 이치이다 보니,
관흥의 죽음이 하루살이 같아 허무하기만 하구나.
마음속에 충효와 절개가 있다면,
어찌 왕자교와 적송자처럼 장수할 필요 있겠는가!

관흥(關興)의 요절을 안타까워한 시이다. 관흥은 관우의 아들로 나이는 어리지만 영특하여 제갈량의 총애를 받았다. 제갈량이 여섯 번째 북벌을 준비하고 있을 때, 관흥이 갑자가 병으로 죽게 된다. 소설을 보면 제갈량은 대성통곡하며 기절해 버린다. 깨어난 후에 제갈량은 충효와 절개를 지닌 사람에게 하늘이 장수를 허락하지 않는 것이 안타깝다고 말하였다. 사람의 생사가 하늘이 정한 이치라지만 젊고 재능이 뛰어난 관흥이 요절한 것을 안타까워하고 있다. 교송(喬松)은 왕자교(王子喬)와 적송자(赤松子)를 말한다. 모두 전설 속의 신선으로 장수하였다. 관흥의 재능과 공적에는 무엇보다 충효와 절개가 들어 있음을 얘기하고 있다.

[21] 제57회 탄주유(嘆周瑜)

臥龍南陽睡未醒, 又添列曜下舒城.
蒼天旣已生公瑾, 塵世何須出孔明.

와룡이 아직 남양에서 잠을 깨지 않았는데,
또 더하여 하늘의 항성을 서성에 내리더라.
푸른 하늘이 이미 공근을 태어나게 하고는,
세상에 어찌하여 또 공명을 나오게 하셨는가

주유의 죽음을 애도한 시이다. 이 시에서 당시의 최고 인물 제갈량과 비교하며 주유의 뛰어난 재능을 얘기하고 있다. 제갈량은 한 영제(靈帝) 광화(光和) 4년(181년)에 태어났다. 주유는 한 영제 희평(熹平) 4년(175년)에 태어났다. 주유가 제갈량보다 6년 먼저 태어났기 때문에 제갈량이 아직 잠에서 깨지 않았다고 한 것이다. 열요(列曜)는 하늘의 항성을 말하는 것인데 걸출한 인재를 비유한 것이다. 서성(舒城)은 주유가 태어난 곳이다. 주유는 제갈량에 열등감을 느낀 적이 많았다. 왜 제갈량 같은 인물이 태어났을까 하며 한탄했다고 한다. 두 천재적 인물을 대비하며 주유의 빠른 죽음을 안타까워하고 있다.

[22] 제80회 조비선한(曹丕禪漢)

兩漢經營事頗難, 一朝失脚舊江山.
黃初慾學唐虞事, 司馬將來作樣看.

양한을 경영하는 일에 어려움이 많더니
하루아침에 옛 강산을 잃어버렸네.
조비가 요임금 순임금을 본뜨려하니
마사의가 장차 같은 모양을 짓고자 구경을 하네.

조비가 한의 마지막 황제 헌제로부터 왕위를 빼앗는 것을 탄식한 시이다. 조비는 헌제를 겁박하여 황제가 되었고 동한 건안(建安) 25년(220년)을 황초원년으로 바꾸었고 국호를 대위(大魏)라고 했다. 이시에서 황초라는 연호로 조비를 대신하며 한나라에서 조비의 위나라로 나라가 바뀌었음을 말하고 있다.

당(唐)은 요(堯)임금이고 우(虞)는 순임금인데, 모두 선양을 하였다.

사마(司馬)는 당시의 사마의(司馬懿)부자를 상징하는데 그들은 온갖 궁리를 다해 권력 찬탈을 계획하다 결국은 조비의 위(魏)가 한나라로부터 선양 받은 45년 후 진(晉)나라를 세워 역시 나라를 빼앗아 버린다. 황제가 된 사마담(司馬談)은 위나라 함희(咸熙)2년(265년)을 진나라 태시(泰始)원년으로 바꾸어 버린다. 그래서 이 시는 마사의가 자기도 장차 같은 광경을 만들려고 구경을 했다며 비난을 하고 있는 것이다. 실제로 조조와 마찬가지로 사마씨도 위나라가 통치하는 오랜 세월 권력을 독점했고, 조비가 평화로운 정권 이양이라는 방법으로 황제가 된 것을 그대로 모방해서 위나라를 뒤엎고 왕조를 바꾼 것을 이 시에서는 말하고 있다.

[23] 제84회 손씨순부(孫氏殉夫)

先主兵歸白帝城, 夫人聞難獨捐生.
至今江畔遺碑在, 猶著千秋烈女名.

선주의 병사는 패하여 백제성으로 돌아갔는데
부인은 잘못 들어 혼자 목숨을 끊어버렸다네.
오늘날 까지도 강 언덕에 비석이 남아 있어
천추에 열녀 이름 뚜렷이 전하고 있네.

이릉전투에서 유비가 죽었다는 잘못된 정보를 손(孫)부인이 듣고 서쪽하늘을 바라보며 통곡하다 강물에 몸을 던져 죽었다고 하는데, 그 슬픈 죽음을 애도한 시이다.

손(孫)부인은 동오(東吳)에서 촉한(蜀漢)의 병사가 패전했고 유비가 전사했다는 와전된 소식을 들었다. 이에 손부인은 마차를 몰고 강변으로 달려가 서쪽을 보며 울부짖다 강에 투신하여 죽었다는 것이다. 손부인이 강에 투신해 죽었다는 이 이야기는 모종강이 《삼국연의》를 수정할 때 첨가한 것으로 실제 사실과는 차이가 있다. 손권이 정략적으로 여동생을 유비에게 시집보냈지만 손부인은 유비와 사이가 좋지 않아 별거를 하다, 유비가 사천을 정벌하러 나간 틈을 나서 동오로 돌아간 이후 돌아오지 않았다. 하지만 소설의 영향으로 손부인은 열녀로 전해 내려오고 있다. 여튼 이 시는 손부인의 열녀로서의 모습을 칭송하고 있다.

[24] 제84회 팔진도(八陣圖)

功蓋三分國, 名成八陣圖.
江流石不轉, 遺恨失呑吳.

공은 세 개로 나누어진 나라를 덮었고,
병법가로서의 이름은 팔진도를 이루었다네.
강물은 흘러도 돌은 구르지 않았지만
동오를 삼키지 못한 한이 아직도 남아 있구나.

이 시는 두보(杜甫)가 기주(夔州)에 갔을 때 제갈량을 회고하며 지은 것이다. 제갈량의 '팔진도'에 관해서는 이미 오래전부터 역사가 전해 온다. 구당협(瞿唐峽)의 기문(夔門)은 사천(四川)으로 들어가는 요로이자 전략적 요충지이다. 팔진도(八陣圖)는 기주(夔州)의 서남쪽 영안궁(永安宮) 앞 모래사장 위에 돌이 산더미처럼 모여 이루어져 있었는데, 여름 장마철이면 물에 잠겨 보이지 않지만 물이 빠지면 얕은 수면 위로 전부 다 드러나는 보이는데 바로 팔진도의 소재지이다. 이것이 제갈량이 만든 팔진도의 흔적이라 전해져오는 것이다. 소설에서는 동오의 대장 육손이 이 석진에 들어가 빠져나오지 못하고 있는 것을 제갈량의 장인 황승언이 구해준 것으로 되어 있다. 유비가 관우의 원수를 갚기 위해서 오나라를 공격했다 이릉전투에서 대패함으로써 촉나라는 위세가 꺾이게 된다. 그 뒤 제갈량은 온갖 노력을 다했지만 결국 동오를 취할 수 없었기에 이는 천추의 한이었던 것이다. 이 시는 유비가 무리해서 오나라를 공격한 실책을 꾸짖는 동시에 당시의 최고 재능을 지닌 인물 제갈량의 탁월한 능력을 그리워하며 지은 시이다.

[25] 제89회 고사맹절(高士孟節)

高士幽棲獨閉關, 武侯曾此破諸蠻.
至今古木無人境, 猶有寒煙鎖舊山.

고상한 선비가 문을 닫고 들어앉아 사는데,

무후는 남만을 치려하면서 그를 찾았네
지금은 고목만 있고 사람은 없으니
텅 빈 산 속에 찬 연기만 자욱하구나.

이 시는 제갈량의 남만 평정에 도움을 준 은거중 선비 맹절(孟節)을 그리는 시이다. 여기서 고사(高士)는 바로 맹절을 말하는데 바로 맹획(孟獲)의 형이다. 제갈량이 맹획을 다섯 번째 잡으러 서남쪽의 불모지에 들어갔을 때 많은 병사들이 독이 든 아천(啞泉)의 물을 잘못 마셔 독에 중독되어 말을 못하게 되었다. 제갈량은 은거 중이던 한 선비를 만나 도움을 받아 어려움을 해결하게 된다. 이 선비가 바로 맹획의 형 맹절이었던 것이다. 맹절과 맹획은 형제간이지만 촉한에 대한 태도는 완전히 달랐던 것이다. 맹절은 누차 맹획을 타일렀지만 말을 듣지 않자 이름과 성을 바꾸고 만안(萬安)의 골짜기에 은거해 있었던 것이다. 중국 전통문화 속의 절개 있고 품격있는 선비의 모습을 떠올리게 하는 시이다.

[26] 제104회 死諸葛走生仲達(사제갈주생중달)

長星半夜落天樞, 奔走還疑亮未殂.
關外至今人冷笑, 頭顱猶問有和無.

장성이 밤중에 하늘에서 떨어지자

달려온 사마중달은 아직도 의심을 하네 공명이 살아있는지
세상에는 지금도 그를 웃어 이르는 말이
머리가 있는지 없는지 물어보는 거라네.

이 시는 죽은 제갈공명이 산 사마의를 도망치게 했다는 얘기를 알게 해주는 시이다. 관외(關外)는 양평(陽平)의 성 밖이라는 뜻으로 성 밖의 세상 사람들을 지칭한다. 제갈량이 죽은 후 촉나라 군대가 철군하자, 사마의는 제갈량이 죽었다고 믿고 촉나라 군대를 몰아붙여 끝까지 추격하고자 했다. 그런데 갑자기 산 뒤에서 큰 함성이 들려오고 촉나라 군대가 되돌아 온 것이다. 사마의가 깜짝 놀라 살펴보니 수십 명의 상장군들이 한 대의 사륜마차를 호위하며 나오는데 제갈량이 앉아 있었다. 사마의는 제갈량이 살아있는데 자신이 경솔하게 추격하여 매복에 걸렸다고 생각하며 급히 회군하였다. 위나라 군사들도 혼비백산하여 무기를 버리고 도주하며 서로 밟으니 깔려죽은 자가 헤아릴 수 없을 정도였다. 놀라 도망치던 사마의는 수십리를 도망간 후에 손으로 자신의 머리를 만지면서 살아있는지를 확인하게 된다. 이 때문에 중국 민간에서는 죽은 제갈량이 산 중달을 잡았다는 이야기가 전해져 온다. 이 시는 그 이야기를 배경으로 지어진 시이다.

[27] 제109회 司馬殺后(사마살후)

當年伏后出宮門, 跣足哀號別至尊.
司馬今朝依此例, 天敎還報在兒孫.

당시에 복황후가 궁문 밖으로 끌려 나갈 때
맨발로 애절하게 울부짖으며 천자를 떠나야만 했다네.
오늘날 사마사가 그 전례를 따라하니
하늘의 교훈이 돌아와 자손에게 미치게 되었구나.

이른바 인과응보가 어떤 것인지를 보여주는 시이다. 불교에서는 전생에 지은 죄는 현생에서 갚고 현생에서 지은 죄는 후대가 갚게 된다고 한다. 착한 일을 하면 좋은 보상을 받고 나쁜 짓을 저지르면 나쁜 결과가 따르며 자신의 업보는 반드시 언젠가 치르게 된다고 한다.

이전에 조조가 권력을 독점하고 전횡하며 왕위를 찬탈하려 하자, 헌제와 복황후는 밀서를 대신들에게 전달해 조조를 제거하려고 하였다. 이것이 누설되어 복씨 집안은 멸문지화를 당했고 복황후는 비참한 최후를 맞이해야만 했다. 불과 40년 후, 그런 짓을 했던 조조의 후손이 똑같이 그 시절 헌제처럼 사마씨에 황권을 빼앗겨 버린다. 황제 조방(曹芳)과 장(張)황후의 아버지 장집(張緝)이 밀서로 간신을 제거하려 했으나 발각되어 모두 죽었고 장황후는 역시 죽임을 당하였던 것이다. 이 시는 사마사(司馬師)가 장황후를 죽인 것이 조조가 복황후를 죽인 것에 대한 인과응보라는 것을 얘기하며 이전 조조의 악행을 비판하고 있는 것이다.

이 시는 세상사는 이치가 돌고 도는 것임을 말해주는 기본적 도덕 윤리관을 잘 보여주고 있는 것이다.

[28] 제113회 孫綝廢主(손침폐주)

亂賊誣伊尹, 奸臣冒霍光.
可憐聰明主, 不得莅朝堂.

난적이 이윤처럼 행세하고
간신이 곽광인 척 했네.
가련하게도 총명한 임금이
조당에서 있을 수 없었다네.

이윤(伊尹)은 상나라 재상으로서 탕왕(湯王)을 잘 보좌한 훌륭한 재상이다. 곽광(霍光)은 한나라 대장군으로 현명한 군왕을 모시고 폭군을 제거한 훌륭한 신하이다. 두 사람 모두 이른바 대표적인 충신의 전형이다.

이 시의 배경을 살펴보면, 동오 손권의 최대 실수는 나이 10살에 불과한 어린 아들 손량(孫亮)에게 왕위를 계승시킨 것이다. 이 때문에 오나라 왕실과 조정은 격렬한 권력 투쟁에 휩싸이게 된다. 이 시의 앞 두 구절은 손량이 왕위에 있을 때 일어난 두 가지 큰 사건을 얘기하는 것이다. 즉 손준(孫峻)과 제갈락(諸葛烙)의 권력투쟁에 관한 일을 담고 있다. 손권이 신임했던 제갈락이 위나라와의 전쟁에서 대패하자 제갈락과 원한관계에 있던 손준이 손량을 이용해 제갈락을 죽여버린다. 제갈락이 죽은 이후 손준은 재상과 대장군을 겸직하며 전횡을 일삼으니 그를 이 시에서는 난적이라 한 것이다. 손준이 죽은 후 권력은 그의 사촌동생 손침(孫綝)에게 이어졌는데 손침은 무도하고 방자하기 그지 없었다. 이데 손량은 대신들과 의논해 손침을 죽이려 했으나 계획이 누설되어 오히려 손침에 의해 폐위를 당하게 된다. 그래서 가련하게도 총명한 임금이 조당에서 쫓겨난 것이라 한 것이다. 이 시는 간신배들의 권력 전횡의 폐해를 잘 보여주는 교훈적 내용의 시이다.

[29] 제116회 傅僉之死(부첨지사)

一日抒忠憤, 千秋仰義名.
寧爲傅僉死, 不作蔣舒生.

하루에 충성스러운 분노를 드러내보이니
천추에 의로운 그 이름을 우러러보네.
차라리 부첨같이 죽을지언정
장서같은 삶을 살지는 않으리라.

이 시에서 말하는 부첨(傅僉)은 촉한의 장군으로 236년에 촉나라를 공격한 위나라 군대에 맞서 싸우다 장렬히 전사한 충성스런 장군이다. 장서(蔣舒) 역시 촉한의 장수이나 그는 236년 전쟁 때 위나라에 투항하였다. 충의로운 장수 부첨과 변절한 장수 장서를 대비하며 무언가를 얘기하고자 한다. 촉한 후기에 이르러 왕이 무능하고 환관이 전횡을 일삼으니 나라가 위급하고 인재도 부족했다. 위나라의 공격은 잦아 위나라 대장군 종회(鐘會)가 양평관을 공격해 왔다. 부첨은 직접 군대를 이끌고 나가 위나라 군대와 싸울 테니 부장 장서에게는 관문을 지키라고 지시하였다. 종회의 공격을 물리치고 돌아오니 그 새 장서가 촉한을 배신하고 양평관을 위나라에 바쳐버려 부첨은 포위를 당해 빠져나갈 수가 없게 된다. 그런 상황에서 부첨은 촉나라 신하로서 죽어서도 촉나라의 귀신이 되겠다며 적과 싸우다 장렬히 전사하였다.

이 시는 어떤 삶이 의롭고 떳떳한 삶인가 하는 물음에 대한 답이 무엇인지를 알려 주는 듯한 도덕적이고 교훈적인 시이다.

[30] 제119회 方知後主是庸才(방지후주시용재)

追歡作樂笑顏開, 不念危亡半點哀.
快樂異鄉忘故國, 方知後主是庸才.

기쁨을 좇고 음악에 젖어 웃고 즐기는 모습,
망국의 슬픔이란 반 점도 없구나.
타향의 쾌락에 젖어 고국을 잊어버리니

이제야 후주가 용렬한 재목임을 알게 되는구나.

촉한이 망한 후, 위나라 사마소(司馬昭)는 항복한 유선을 안락공(安樂公)으로 봉하고 후한 물질적 배려를 한다. 했다. 유선은 사마소를 친히 찾아가 감사의 인사를 하고 사마소가 베푼 연회에 자리하게 된다. 이 때 위나라 풍악 소리에 함께 온 촉나라 신하들은 슬픔에 젖는데 유선은 오히려 "락불사촉(樂不思蜀)" 즉 즐거워 촉나라 생각이 나지 않는다는 고사를 만들어 낸다. 즉 유선은 촉나라가 망하고 나서도 슬퍼하지 않았고 망국의 역사를 치욕으로 여기지도 않았다. 포로가 되어 위나라로 가서는 오히려 즐겁다고 말했으니, 사마소는 물론이고 촉나라의 신하들도 유선이 아둔하고 시비를 가리지 못하는 어리석은 인물임을 알 수 있게 한 이야기이다. 이 시는 궁극적으로 촉한이 왜 망했는지를 잘 보여주는 내용의 시이다.

남덕현

부산대 중어중문학과를 졸업하고 한국외국어대학교 대학원과 중국사회과학원 문학연구소에서 중국 고전 소설비평 및 문학이론을 연구하였다.
현재 부산대 중어중문학과 교수로 재직 중이며
부산대 대외교류본부장을 맡고 있다.

저서
《삼국지문화답사기》
《관우》
《삼국지 역사를 가다》

삼국지 문화 기행

초판 1쇄 발행 _ 2018년 2월 28일

저 자 · 남 덕 현
발행인 · 정 현 걸
발 행 · 신 아 사
인 쇄 · 대명프린팅
주 소 · 서울특별시 은평구 통일로 59길 4 (2층)
전 화 · (02) 382-6411 팩스 · (02) 382-6401
홈페이지 · www.shinasa.co.kr
E-mail · shinasa@daum.net
출판등록 · 1956년 1월 5일(제9-52호)

ISBN: 978-89-8396-265-2(93820)

정가 *14,000* 원